Dieu et l'entreprise

Comprendre et gérer
les cultures religieuses

Éditions d'Organisation
1, rue Thénard
75240 Paris Cedex 05
www.editions-organisation.com

Patrick BANON

Dieu et l'entreprise

Comprendre et gérer
les cultures religieuses

Éditions
d'Organisation

Sommaire

*Que faudrait-il faire dans le cas où le souverain nous donnerait
un commandement contraire à la religion [...] Faudrait-il obéir
à la volonté de Dieu ou à celle des hommes ? [...] Comme en fait
de religion, les hommes tombent ordinairement dans de grandes
erreurs, et que selon la diversité de leur génie ils imaginent bien
des chimères [...] Il est certain que si personne n'était tenu d'obéir
au souverain en ce qu'il croit appartenir à la religion, il en
résulterait que le droit public dépendrait du jugement et de
la fantaisie de chacun : nul en effet ne serait obligé
de se soumettre à un droit qu'il jugerait établi contre sa foi
et sa superstition, et chacun conséquemment en
prendrait prétexte pour tout se permettre.*

Baruch Spinoza, *Traité théologico-politique*, 1670.

Dieu et l'entreprise, une rencontre inévitable

À force de peines tu tireras du sol ta subsistance tous les jours de ta vie… À la sueur de ton visage tu mangeras ton pain…

Genèse, 3,17-20[1]

L'homme est d'essence religieuse en raison des trois questions universelles que pose son existence : la naissance, la fertilité et la mort (et, évidemment, l'après mort). Ces trois seuils inévitables au parcours d'un être, d'un groupe ou d'une nation sont au fondement de la réflexion spirituelle. Quelle que soit l'organisation religieuse choisie, quelles que soient les options historiques, économiques ou géopolitiques structurant son système de pensée, l'homme veut trouver une réponse logique, et surtout rassurante, au passage obligatoire de ces trois seuils. C'est en cela – notamment depuis le développement de la pensée monothéiste – qu'il existe une fraternité de destin entre les

---

1. Toutes les citations bibliques du présent ouvrage sont tirées de *La Bible de Jérusalem,* Desclée De Brouwer, 1975.

hommes, une véritable communauté de pensée à l'humanité tout entière. Néanmoins, les organisations religieuses, tentées perpétuellement de maîtriser les réalités temporelles, ont tendance quelquefois aussi à repousser les frontières spirituelles, provoquant inévitablement des crispations identitaires.

La maîtrise de ces mêmes crispations et la prévention des réflexes d'intégrisme passent d'abord par une connaissance approfondie de la foi propre à chacun et de celle de l'Autre. Le monde du travail peut devenir un espace privilégié d'apaisement et de reconnaissance, nécessaire à la dimension universelle de chaque croyance.

La micro société qu'est l'entreprise permet une coexistence équitable des cultures religieuses sans pour autant provoquer le reniement de leurs racines. La certitude de leur épanouissement n'est en effet possible que par et dans leur diversité.

Le monde du travail a la capacité de libérer les hommes, les Églises et les États de préjugés archaïques et de permettre à chacun de renouer avec le souffle originel de sa propre foi, dépollué des ignorances et des superstitions. Néanmoins, l'entreprise n'a pas vocation à combattre les communautarismes religieux ou philosophiques. Et si sa neutralité est bien le ferment de sa propre cohésion, elle n'a pas, selon nous, pour mission d'exclure les valeurs spirituelles, mais de privilégier l'extraordinaire force qui naît de l'effort collectif.

Dans la tradition biblique, Satan désigne l'adversaire, le diviseur, celui qui accuse l'homme de toutes les fautes. L'ennemi de l'universalité des messages spirituels est bien celui qui n'existe que par la séparation des hommes entre purs et impurs, croyants et incroyants. La division n'a pas de place au sein de l'entreprise, et c'est aussi pour cela que toutes les cultures religieuses doivent pouvoir s'y sentir chez elles. Car, nous ne pouvons négliger l'évidence que les cultures religieuses sont présentes dans tout espace où se trouvent des hommes et des femmes.

La question ne consiste donc pas à se demander si les cultures religieuses existent dans l'entreprise, mais s'il est encore réaliste d'y négliger la liberté de conscience d'un individu au sein d'une collectivité, quelle qu'en soit sa structure sociale et juridique.

Une meilleure gestion des cultures religieuses dans le monde du travail concerne donc la société tout entière, et ne peut se limiter à un simulacre de tolérance, joué depuis des millénaires par toutes les religions majoritaires du monde. Fondamentalement, une reconnaissance authentique, ainsi qu'une meilleure connaissance des alternatives spirituelles favoriseront l'acceptation équitable de l'ensemble des cultures religieuses, la connaissance de soi passant inévitablement par la compréhension du système de pensée de l'Autre.

La multiplication des offres spirituelles, due d'abord à l'ouverture des frontières et à la libre circulation des convictions personnelles, accompagnée d'un regain d'intérêt pour la pensée religieuse, peut, à tort, sembler réduire les cultures religieuses à des mouvements intégristes de toute église, de tout temple ou de toute mosquée. Cela n'est pas le cas. En réalité, notre société et nos entreprises se trouvent confrontées à un défi qui ne fut réglé dans le passé – et dans un passé trop proche en Europe – que par l'ignorance, l'exclusion, et parfois l'extermination de l'Autre.

La gestion des cultures religieuses n'est pas le terrain de jeux d'un conflit aride entre laïcité et Églises, ni d'un conflit *préhistorique* entre croyances, ni même d'un débat *politiquement correct* entre croyants, pratiquants, non-pratiquants et athées. Ce défi lancé aux acteurs du monde du travail est bien celui d'une véritable révolution. Car pour la première fois, la possibilité d'une coexistence pacifique et égalitaire entre les différents systèmes de pensée peut trouver sa place. Le tissage des cultures religieuses et philosophiques est essentiel à l'exclusion des intégrismes, d'où qu'ils viennent et où que ce soit. Sa diversité est la garantie du respect des Droits universels de l'homme et de la femme.

La gestion des cultures religieuses évoluant dans le monde du travail en France et en Europe relève donc d'une responsabilité immense, d'abord parce que les entreprises sont le réceptacle de tous les espoirs et de toutes les craintes.

L'*homo religiosus* cher à Mircea Eliade n'est pas l'ombre de croyances passées, mais bien le reflet de préoccupations sans cesse renouvelées. Ces trois seuils déjà cités (la naissance, la fertilité et la mort) sont des éléments non négociables de l'essence humaine. Une gestion humaine des cultures religieuses dans le monde du travail et dans l'ensemble de notre société doit donc d'abord prendre appui sur la reconnaissance de ce vide qui habite chaque femme et chaque homme, puis sur la compréhension des réponses données par chacun pour apaiser son âme et transmettre un peu d'éternité à la génération suivante.

Dès le premier siècle, la quête de sainteté individuelle s'est substituée aux sacrifices rituels de purification et aux espaces sacrés, anciens lieux privilégiés de communication avec la divinité. Ce contact avec le divin passe désormais par l'être humain lui-même. L'immortalité n'est plus réservée aux héros mythologiques, aux pharaons ou aux Césars. Cet accès à l'autre monde s'est en quelque sorte démocratisé. Ainsi, le non-respect des cultures religieuses dans le monde du travail conduit à dénier à chacun son droit, désormais inaliénable, à la vie éternelle.

Reste évidemment à faire correspondre les exigences spirituelles d'un individu avec les obligations collectives d'une entreprise. En fait, il s'agit de parvenir à faire coïncider deux temps différents, le temps religieux et le temps politique : deux temps qui se sont d'abord superposés au point d'être confondus et qui, dans notre ère, suivent des routes parallèles qui ne devraient jamais se croiser sous peine de conflit.

La quête du salut individuel peut parfois entraver le salut collectif de l'entreprise. D'où l'immense difficulté que rencontrent les acteurs du monde du travail à faire coexister droits individuels de conscience et intérêts collectifs. Ce perpétuel débat oppose l'obligation individuelle de sainteté – qui a vocation à rendre le monde compatible avec l'exigence divine – et la logique démocratique – qui a vocation à privilégier le salut de tous au salut d'un seul. Certains aspects des cultures religieuses peuvent donc apparaître comme des obstacles à l'intérêt général. C'est en cela aussi que les responsabilités des entreprises se trouvent compliquées par la collision du temps religieux et du temps politique. L'exigence de neutralité des organisations profanes, telle l'entreprise, risque de se trouver prise en défaut, tout simplement par son obligation légitime à faire des choix guidés en priorité par l'intérêt de l'entreprise elle-même.

La gestion des cultures religieuses dans le monde du travail ne se limite pas à prohiber ou à permettre le port d'un turban ou d'une barbe, à octroyer des temps de prières ou encore à accepter des absences pour les jours de fête. C'est d'abord accepter de revisiter le mysticisme républicain qui anime notre idéal démocratique et qui, pour un temps, a servi d'alternative exclusive à toute forme de spiritualité. Convenons que notre République s'est construite autour d'une logique d'exclusion : aristocrates contre roturiers, patriotes contre monarchistes, révolutionnaires contre bourgeois, riches contre pauvres, travailleurs contre oppresseurs, laïques contre croyants… Cette vision – qui conduit au morcellement de la nation, chaque groupe excluant l'autre pour espérer survivre – est incompatible avec l'extraordinaire brassage des hommes et des idées dans le monde du travail d'aujourd'hui. L'entreprise se voit donc confiée l'immense responsabilité de contribuer à la pacification de la République à travers son action de cohésion sociale. La gestion de la partie invisible de l'homme constitue sans doute le plus grand défi que l'entreprise ait à relever aujourd'hui.

Dans cet effort, la France ne peut réfléchir et agir sans prendre en compte les citoyens des vingt-quatre autres membres de l'Union européenne, qui ont désormais tout droit de circuler librement, de travailler librement et de pratiquer librement leurs cultes.

En vérité, ni les textes, ni les décisions de justice, en France et en Europe, ne sont assez clairs pour que se dessine une véritable politique spirituelle. L'entreprise se trouve donc, comme cela est souvent le cas, seule face à ses interrogations.

Nous souhaitons simplement que cet ouvrage puisse apporter des informations impartiales pour que chacun, à son niveau de responsabilité, prenne ses décisions en pleine connaissance de cause, libre de toute idée préconçue, qu'elle soit d'inspiration laïque, religieuse, athée, philosophique ou tout simplement politique. Nous avons conçu ce livre dans cet esprit, critique mais libre de tout *a priori*. Une démarche qui ne peut être légitime que dans le respect des convictions de tous et dans la reconnaissance des droits de chacun.

Cet ouvrage n'a pas pour objectif de convaincre de la justesse de telle ou telle considération religieuse ou politique, mais bien d'aider à mieux comprendre l'évolution des systèmes religieux dans une société profane, de soulever la complexité des nouvelles relations entre les cultures religieuses et le monde du travail, et la difficulté des choix qui devront être faits, notamment dans l'espace collectif qu'est l'entreprise, qu'elle soit publique ou privée.

Pourquoi alors ne pas relire le mythe de la tour de Babel avec un regard neuf ? Loin d'illustrer l'idée d'une humanité condamnée à parler différentes langues, la légende biblique raconterait comment, en rejetant l'unique forme de pensée qui avait mené à la construction de la tour, l'humanité fut sauvée, libérée par sa diversité de langues, de croyances et de systèmes de pensée.

L'entreprise, temple de la démocratie ?

À la croisée des consciences religieuses

Vouloir croire qu'il existerait une frontière étanche entre le monde du travail et les cultures religieuses serait à la fois une illusion et une erreur d'appréciation des réalités de nos sociétés passées, contemporaines et futures. Malgré la volonté affichée des législateurs et du Conseil d'État de décliner la laïcité en trois principes fondamentaux (la neutralité de l'État, la liberté religieuse et le respect du pluralisme), il est devenu évident que, concrètement, l'appréciation et l'application de ces principes sont devenues le problème quotidien des acteurs sociaux et économiques de notre société avec, à la clé, le risque de subir des décisions de justice qui tentent d'allier avec difficultés des principes généraux de liberté de conscience et de religion à ceux d'obligations professionnelles. Le monde du travail, principalement à travers l'entreprise, se trouve désormais en première ligne de cet immense mouvement de réforme de la laïcité et d'intégration des multiples sensibilités spirituelles qui constituent désormais la société française et la communauté européenne.

La question de la gestion des cultures religieuses dans l'entreprise est indissociable de l'esprit de laïcité de la France. Il est donc indispensable et inévitable de prendre en compte les valeurs fondamentales qui structurent notre société ainsi que celles des États membres de l'Union européenne et de leurs ressortissants appelés à venir travailler en France. Des femmes et des hommes qui portent dans leurs valises leurs bagages spirituels.

L'entreprise est traversée par de nombreux courants de crispation identitaire, cristallisés autour du fait religieux et plus souvent autour du besoin de chacun d'exprimer sa culture religieuse. Ces courants traversent l'entreprise, ainsi que la société tout entière, en France, mais aussi en Europe et, à l'évidence, dans le reste du monde.

Une absence de réglementation claire

Le fait religieux dans l'entreprise se situe aux confins du droit du travail et du droit des religions. La médiation et une formation mieux adaptée des professionnels du monde du travail à la dynamique du sacré et du spirituel peuvent contribuer efficacement à surmonter les discriminations religieuses. Mais il manque une clé indispensable à la meilleure gestion des cultures religieuses dans l'entreprise : l'existence d'une réglementation claire à laquelle des responsables d'entreprises, formés aux options spirituelles, puissent se référer. Et cette réglementation devrait être fondée, non sur des *a priori* politiques et religieux, mais sur une véritable connaissance des réalités en présence. Ce qui prévaut, c'est de déceler et de reconnaître les réalités spirituelles communes aux cultures religieuses. Rappeler ainsi la communauté de destin des hommes à travers des vérités indiscutables – telles le parcours étonnant de la logique monothéiste, la naissance de l'idée de résurrection des corps, l'invention de la prière en lieu et place des sacrifices de purification et la mutation de l'exigence de pureté en quête de sainteté – constitue une des armes les plus efficaces pour affaiblir puis neutraliser toutes les formes d'intégrisme.

Faire l'effort de revenir sans cesse aux origines de nos systèmes de pensée, c'est tout simplement rechercher l'instant magique dans notre histoire commune, qui, en un éclat, a créé notre conscience collective. Cette dynamique, avant même d'être religieuse, était simplement spirituelle : la conscience de faire partie d'un tout qui a contribué à former le monde du travail. Car, nous le verrons plus loin, le travail a d'abord été d'inspiration spirituelle.

Des règles de coexistence

Il faut surtout ne pas craindre d'établir des règles de coexistence entre les différentes philosophies en présence. La spiritualité, pour éviter de se marginaliser et de diluer son propos, doit d'ailleurs s'inscrire dans le cadre le plus large des valeurs collectives. Vouloir cultiver le culte de la séparation aurait pour effet de transformer le *vivre ensemble* en un *vivre à côté* incompatible avec l'esprit d'une entreprise et en fin de compte tout autant incompatible avec l'intérêt d'un système religieux. En fait, travail et religions ne s'excluent pas obligatoirement l'un l'autre, et l'entreprise peut sans doute bénéficier d'un *vivre ensemble* essentiel à la dynamique collective.

Le monde du travail ne peut certainement pas continuer d'évoluer dans le flou. Les entreprises privées et publiques naviguent donc à vue sur un océan de croyances religieuses, s'accrochant désespérément au principe du droit de conscience qui leur sert à la fois de bouée et de gouvernail.

L'entreprise, temple du travail, se trouve à la croisée des chemins d'une Europe en pleine mutation, dont les législateurs ne semblent pas avoir pleinement pris la mesure de la force des convictions spirituelles de ses membres. Il existe en effet un entrisme politique de la religion, une forme de prosélytisme souvent passif, dont le premier résultat est l'installation par défaut de la loi religieuse dans la sphère de l'entreprise, à travers des tabous, comme pour certains l'interdiction de la consommation du porc, ou l'observation de prescriptions religieuses, comme le port du foulard, d'une barbe ou d'un turban.

Il arrive par exemple que, spontanément, des interdits alimentaires guident les menus de cantines scolaires ou de restaurants d'entreprises sans concertation collective. Des initiatives qui peuvent froisser les uns sans vraiment satisfaire les autres, puisque la tolérance y remplace le droit à la reconnaissance. *« Les programmes scolaires sont amputés... La viande de porc n'est plus servie dans beaucoup de cantines... La loi religieuse s'installe à travers ses tabous dans les lieux publics... »*, s'est plaint le député de la Drôme Gabriel Bianchéri[1]. En fait, ce n'est pas la loi religieuse qui s'installe mais bien l'absence de loi qui finit par prévaloir sur la démocratie.

Certaines manifestations sportives associatives se sont trouvées parfois annulées parce que leur déroulement coïncidait avec des périodes de jeûnes pour certains participants. *« J'ai écrit au Ministère de l'Éducation nationale une lettre un peu provocatrice, dans laquelle j'établissais la liste de tous les jeûnes religieux, des bouddhistes aux témoins de Jéhovah pour demander si les professeurs de sports devaient en tenir compte avant d'organiser des épreuves sportives »*, a protesté le député Thierry Mariani, concerné par l'annulation de l'édition 2003 du Cross de la commune de Valréas dans le Vaucluse, dont il est maire. Il ajoute : *« L'inspection d'Académie a reproché par écrit aux enseignants de cette école laïque, l'organisation de cette épreuve sportive sans avoir au préalable tenu compte du calendrier religieux ! »*[2].

En fait, si les entreprises qui organisent des manifestations culturelles ou sportives n'en n'ont pas l'obligation, ne pourraient-elles pas prendre en compte les calendriers religieux pour obtenir la cohésion sociale indispensable au succès de l'entreprise elle-même ? Car si la République est laïque, et est supposée ne pas connaître les cultes, cette ignorance de l'Autre n'est pas compatible avec le fonctionnement de l'entreprise.

---

1. Le 4 février 2004 à l'Assemblée nationale.
2. Cette intervention de Thierry Mariani s'inscrit, comme celle de Gabriel Bianchéri dans le débat sur la laïcité qui s'est tenu à l'Assemblée nationale du 3 au 10 février 2004.

Une forme d'agression

L'entrisme religieux n'est pas l'expression de l'ouverture d'une société à d'autres systèmes de pensée que ceux qu'elle estime fondateurs, mais est, au contraire, le plus souvent perçu comme une forme d'agression, et le fer de lance d'une guerre d'influence. Le prosélytisme passif atteint donc un résultat contraire à son objectif premier, et ne constitue pas la meilleure façon de faire cohabiter des systèmes de pensée différents dans l'esprit de tolérance qui devrait animer notre société. La laïcité devrait fournir un cadre clair à l'expression des diverses spiritualités, et non être le terrain de jeux d'influences.

Ces éléments conduisent à réfléchir différemment sur les relations entre les convictions religieuses et le monde du travail. Naturellement sont à réévaluer le rôle et la latitude de l'entreprise dans la gestion de la cohabitation des pratiques religieuses et la logique sociale et économique de ces activités. Cette réflexion ne peut être menée qu'avec humilité et libérée de tout *a priori.* S'il doit y avoir un postulat à cette démarche, c'est bien celui du respect d'autrui et du refus de toute forme de discrimination. Néanmoins, l'entreprise, pour être une personne morale, n'en est pas moins un élément vivant à part entière de notre société, et à ce titre ne peut être uniquement considérée comme une machine à fournir des emplois ou à créer des profits. L'entreprise est constituée de femmes et d'hommes qui apportent chacun leur personnalité, leur énergie et leurs convictions, philosophiques, politiques ou religieuses à un effort collectif, et à ce titre est confrontée au quotidien à la gestion de ces différences.

L'entreprise se trouve face à son plus grand défi depuis l'émergence de la pensée marxiste : celui de devenir le moteur démocratique de notre société. L'entreprise n'a plus uniquement la responsabilité de sa propre gestion, mais bien celle d'assumer un rôle actif dans la cohésion sociale d'une ville, d'une région ou d'un pays. L'accomplissement de cette responsabilité passe par la construction de ponts entre les différents cultes, l'harmonisation de l'expression de fois et de morales différentes dans l'objectif de rétablir équité et tolérance, là où souvent le repli spirituel a pu créer une distorsion des valeurs républicaines, accompagnée inévitablement d'une discordance sociale.

Une irrésistible attraction

Avant-poste de la démocratie au cœur même de notre système sociétal, l'entreprise se retrouve la première confrontée à cette rencontre entre la sphère spirituelle et la sphère économique et sociale. Gérer cette irrésistible attraction entre la pensée religieuse et le monde du travail exige une meilleure connaissance des réalités cultuelles en présence, mais aussi de mieux appréhender la logique religieuse qui anime les uns et les autres. En fait, mieux connaître c'est mieux comprendre. C'est la garantie de gérer dans un esprit de laïcité et de tolérance de situations qui se révèleront à l'évidence de plus en plus complexes. Car, nous le verrons plus loin, un esprit de laïcité n'exprime certainement pas une logique d'exclusion des religions, mais bien au contraire le respect de leurs spécificités.

De la réussite des entreprises dans la gestion actuelle des particularités religieuses dans le monde du travail dépend la cohésion future de notre société. Car, à travers les différentes cultures religieuses, catholiques, protestantes, juives, musulmanes, bouddhistes ou autres, il ne s'agit pas seulement de l'expression de convictions personnelles, mais bien de projets de sociétés alternatives qui s'élaborent à travers toutes les formes de pratiques religieuses.

L'entreprise, seule face à l'ingérence théocratique

La lettre du pape Jean-Paul II adressée à Jean-Pierre Ricard, archevêque de Bordeaux et président de la Conférence des évêques de France au sujet de la laïcité en France est édifiante : « *En raison de leur statut de citoyens, comme leurs compatriotes, les catholiques de France ont le devoir de participer, selon leurs compétences et dans le respect de leurs convictions, aux différents domaines de la vie publique.*[1] »

Quelle serait notre réaction si une lettre équivalente était adressée par le Consistoire de France aux juifs de la République ? Quelle serait notre attitude si la Confédération française du culte musulman incitait ses fidèles à participer à la vie publique en rapprochant intérêt spirituel et intérêt collectif ?

L'Église catholique romaine est d'ailleurs parvenue à faire invalider en 2005 un référendum organisé en Italie sur la fécondation assistée. Avec 74 % d'abstention, la consultation populaire n'a en effet pas atteint le quorum obligatoire de 50 % pour que le résultat soit validé. La campagne pour l'abstention fut un succès incontestable de l'Église catholique, dans un pays qui avait pourtant déjà opté par voie référendaire pour le divorce et l'avortement, mais fut aussi une immense défaite pour la neutralité de la logique démocratique, puisque c'est depuis 1997 le sixième référendum consécutif à ne pas atteindre le quorum nécessaire à la validation d'un scrutin. Le projet de loi sur la fécondation assistée n'avait certainement pas pour objectif d'obliger chaque couple à avoir recours à la fécondation assistée. Par contre, l'entrisme de la pensée religieuse dans un débat démocratique a eu pour résultat d'empêcher tout couple, catholique ou non, croyant ou non de faire appel, si tel était son choix, à la fécondation assistée. Comment, d'ailleurs, ne pas se souvenir de l'interdiction de la vaccination de 1823 à 1829 dans les États pontificaux par le pape Léon XII qui qualifiait l'immunologie de « *nouveauté diabolique contraire aux lois de la nature.*[2] »

---

1. Le 11 février 2005.
2. Dans son encyclique *Ubi Prumum,* Léon XII condamne l'indifférence religieuse. Toujours dans une logique d'ingérence théocratique, dans sa lettre apostolique du 13 mars 1826, il condamne aussi la franc-maçonnerie et la libre pensée et oblige les juifs résidant dans les États pontificaux à regagner leurs anciens ghettos.

Réguler les flots de conviction

Temps spirituels et temps terrestres n'obéissent donc pas aux mêmes appréciations. Une cohabitation forcée de ces deux temps mène pour le moins à l'intransigeance et pour le pire à l'intégrisme. Dans le monde du travail, il s'agit donc de parvenir à réguler les flots de conviction de la même manière que l'on gère des écluses. L'ingérence d'une dose de théocratie dans nos démocraties envahit parfois les tribunaux de la République. L'acquittement le 21 juin 2005 de l'ancien imam de Vénissieux qui avait affirmé dans le mensuel *Lyon mag* de mars 2004 : « *battre sa femme est autorisé par le Coran, notamment si la femme trompe son mari* » et ajouté qu'un homme « *peut frapper fort pour faire peur à sa femme afin qu'elle ne recommence pas* » a surpris tous les partis concernés[1].

Le président du Tribunal correctionnel de Lyon, s'appuyant sur différentes décisions de justice dont celles de la Cour européenne des Droits de l'homme a tenu à motiver son jugement : « *Il n'appartient pas à un tribunal de faire une intrusion dans le domaine de la conscience religieuse. Une référence à un texte du Coran ne constitue pas un appel à une atteinte à l'intégrité d'une personne* », a-t-il affirmé. La justice a ici choisi avec prudence de ne pas accepter de juger la pertinence d'une conscience religieuse. Néanmoins, certaines obligations collectives ne sont-elles pas prioritaires aux obligations individuelles d'ordre spirituel ? Et n'est-ce pas à la Justice de rappeler certaines lois fondamentales de la démocratie, comme l'égalité entre femme et homme ? Voici donc quelques-unes des contradictions auxquelles les

---

1. La décision du tribunal correctionnel de Lyon a été infirmée par la cour d'appel de Lyon le 14 octobre 2005 et Abdelkader Bouziane, ex-imam de Vénissieux, condamné à six mois de prison avec sursis et à 2 000 euros d'amende pour « *provocation d'atteinte volontaire à l'intégrité physique d'une personne non suivie d'effet* ».

14

entreprises se trouvent confrontées. Car les entreprises ne sont pas des espaces étanches. L'ingérence théocratique dans le processus démocratique, puis dans le système judiciaire, passe par le biais de la vie privée pour mieux influencer les autres sphères de la société et, naturellement, au premier chef le monde du travail. L'entreprise peut ainsi se trouver, à son insu, confrontée à des réalités émanant de la vie privée, qui peuvent modifier sa propre structure collective.

Valeurs religieuses et intérêts de l'entreprise

La véritable question posée est évidemment celle de la compatibilité des valeurs religieuses, qui relèvent des valeurs individuelles, avec les intérêts de l'entreprise, et de façon plus large, celle de la compatibilité des différentes morales avec les valeurs républicaines ? Le multiculturalisme mène-t-il inévitablement à l'introduction de sphères d'influences dans l'entreprise ? Le communautarisme ne serait-il qu'un avant-goût de projets politiques et sociaux globaux sous couvert de la revendication publique d'une spiritualité considérée comme relevant de l'ordre du privé ?

De la tenue vestimentaire sur son lieu de travail à l'absentéisme lors de fêtes religieuses ; du port de signes ou de symboles religieux au respect de lois alimentaires ; de l'application d'une morale stricte au respect de l'égalité hommes-femmes ; du rapport même à l'esprit du travail, notamment à travers les divers ascétismes, à la pratique de la prière et à l'émergence de nouvelles religions et parfois de sectes ; la gestion des cultures religieuses dans le monde du travail n'est pas anecdotique. C'est en fait redéfinir la plupart des aspects fondamentaux de notre société : la neutralité de l'État et la tolérance des valeurs individuelles ; la lutte contre les discriminations et la volonté de promouvoir l'intégration sans pour autant chercher la désintégration des consciences ; le rejet des mouvements intégristes et le respect des convictions religieuses sincères ; l'égalité entre l'homme et la femme ; l'accueil de la diversité et le refus du tribalisme.

Définir une harmonie

La difficulté à laquelle se trouvent confrontées les entreprises est bien de réussir à définir une harmonie avec ces contradictions. Car – et c'est une situation unique dans l'histoire de notre république et de la laïcité – c'est d'abord à travers le monde du travail et les entreprises que l'unité de notre société pourra être préservée. Les législations nationales et européennes ne pourront que venir en soutien à leurs efforts et ne réussiront pas à imposer de solutions incompatibles avec les réalités économiques et sociales de l'entreprise. Car cette relation particulière entre la sphère religieuse et le monde du travail s'ancre dans des temps plus profonds, et trouve ses racines à l'aube de la conscience religieuse et sociale de l'humanité.

Une dynamique spirituelle anime le laïcisme

Chacun a pu se rendre compte de l'essoufflement de la loi de 1905 sur la séparation de l'Église et de l'État, notamment lors des débats sur le port de signes religieux dans les établissements scolaires. La confusion, qui fut alors étonnamment faite entre le signe religieux et le symbole religieux, n'est parvenue qu'à créer de nouvelles incompréhensions et de nouvelles zones de brouillard. Un symbole ne fait que signaler l'appartenance à une communauté de pensée, alors que le signe religieux, d'inspiration exclusivement divine, a vocation à changer le monde qui l'entoure, parfois à en fonder un nouveau et toujours à lui donner un sens conforme au respect d'une pureté créatrice de sainteté. L'histoire nous prouve aussi que l'interdiction d'un signe religieux n'a jamais fonctionné, puisqu'un signe religieux a sa vie propre, il se transforme et s'adapte à son environnement sans pour autant perdre sa signification originelle. Mais nous reviendrons sur la compréhension des signes religieux plus loin. Car si l'ensemble de la signalétique culturelle de notre société est par essence religieuse, il semble que, ici comme ailleurs, la fine ligne entre discrimination et laïcité à la française risque trop souvent d'être franchie.

La laïcité entre neutralité et excommunication

Le concept de laïcité développé au début du siècle dernier était déjà sujet à de nombreuses interprétations.

Anticléricaux et antireligieux y voyaient l'exclusion définitive et sans appel du divin, le cantonnant exclusivement au domaine de la vie privée. Il s'agissait en fait d'une vision autiste à l'essence même d'une pensée religieuse, inéluctablement créatrice de cultes de substitution et naturellement de mouvements politiques d'essence intégriste. Ceux qui voyaient dans la République une religion d'État espéraient de la laïcité une philosophie à part entière, une religion sans dieu inspirée par les révolutionnaires de l'an I. « *Tout homme religieux est un homme malade* » avait déclaré le député Maurice Allard, porte-parole des parlementaires anticléricaux de choc de la huitième législature de l'Assemblée Nationale (1902-1906) qui vota la fameuse loi de séparation de l'Église et de l'État. Cette lecture erronée de la laïcité et de la religion omet que la symbolique politique seule ne suffit pas à combler les vides les plus grands.

Plus humains, les laïques modérés espéraient de la laïcité l'opportunité d'une double allégeance à la fois à la société civile et à la société spirituelle, une forme d'alliance entre le temporel et le terrestre. « *La société française doit être laïque et sociale, mais elle restera laïque parce qu'elle aura su rester sociale* », rappelait Jean Jaurès dans un article de *La Dépêche*, le 15 août 1904, pressé que l'« *obsédant problème des rapports de l'Église et de l'État soit enfin résolu pour que la démocratie puisse se donner tout entière à l'œuvre immense et difficile de réforme sociale et de solidarité humaine* ». Car il faut, hier comme aujourd'hui, apaiser la question religieuse pour mieux poser la question de l'harmonie sociale.

Mais, contrairement aux affirmations de Karl Marx[1] dans sa *Critique de la philosophie du droit de Hegel*, la religion n'est pas « *le soupir de la*

---

1. Karl Marx, *Pour une critique de la philosophie du droit de Hegel,* écrit en collaboration avec Engels en 1844, in *Œuvres Philosophiques,* éd. M. Rubel, Bibliothèque de la Pléiade, Gallimard, 1982.

créature accablée, l'âme d'un monde sans cœur ». Bien au contraire, elle représente simultanément le ferment d'un héritage millénaire et l'espoir d'une vie éternelle. Un élément difficilement négociable de l'essence même d'un être humain. L'aspect exclusivement social de la conviction religieuse restant encore à démontrer.

Enfin, ceux qui croyaient d'abord à l'homme, les tolérants intégristes, espéraient l'existence d'un tronc commun à toutes les spiritualités, une sorte de communauté de pensée humaniste qui déploierait ses centaines de branches dans un espace laïque neutralisé.

La récente lettre du pape Jean-Paul II à Monseigneur Jean-Pierre Ricard, archevêque de Bordeaux et président de la Conférence des évêques de France, au sujet de la laïcité en France, rappelle que *« la loi de séparation de l'Église et de l'État de 1905, qui dénonçait le Concordat de 1804, fut un événement douloureux et traumatisant pour l'Église en France. Elle réglait la façon de vivre en France, le principe de laïcité et, dans ce cadre, elle ne maintenait que la liberté de culte, reléguant du même coup le fait religieux dans la sphère du privé et ne reconnaissant pas à la vie religieuse et à l'Institution ecclésiale une place au sein de la société. La démarche religieuse de l'homme n'était plus alors considérée que comme un simple sentiment personnel, méconnaissant de ce fait la nature profonde de l'homme, être à la fois personnel et social dans toutes ses dimensions, y compris dans sa dimension spirituelle*[1]. *»* Commentaires qui, aujourd'hui, s'appliquent aussi aux relations des autres cultures religieuses de France avec les obligations de la laïcité. Il est d'ailleurs évident que la présence de cultures religieuses diverses au sein d'une même nation impose l'existence d'une laïcité forte pour que les cultes puissent s'épanouir paisiblement dans la République.

Il ne fallait certes pas attendre 1905 pour que pouvoir spirituel et pouvoir terrestre soient clairement séparés. Les dix articles du décret

---

1. Le 11 février 2005.

de séparation de l'Église et de l'État, présenté par Boissy d'Anglas[1] le 21 février 1795, repoussaient déjà les cultes aux frontières de la République :

- L'exercice d'aucun culte ne peut être troublé.
- La République n'en salarie aucun.
- La République ne fournit aucun local, ni pour l'exercice du culte ni pour le logement de ses ministres.
- Les cérémonies de tout culte sont interdites hors de l'en-ceinte choisie pour leur exercice.
- La loi ne reconnaît aucun ministre du culte.
- Tout rassemblement de citoyens pour l'exercice de tout culte est soumis à la surveillance des autorités.
- Aucun signe particulier à un culte ne peut être placé dans un lieu public ou à son extérieur de quelque manière que ce soit.
- Les communes ou sections de communes ne pourront acquérir ni louer en nom collectif de local pour l'exercice d'un culte.
- Il ne peut être formée aucune dotation perpétuelle ou viagère, ni établie aucune taxe pour en acquitter les dépenses.
- Quiconque troublerait par la violence les cérémonies d'un culte quelconque ou en outragerait les objets, serait puni selon la loi des 19-22 juillet 1791.

Dix articles qui ont fondé l'idée de laïcité de l'État, puis ont inspiré la constitution de 1795, et qui sont toujours d'actualité.

Pourtant, les temps de la loi de 1905 sont bien révolus. La société française d'alors ne connaissait que la pensée chrétienne. La loi de séparation de l'Église et de l'État ne concernait qu'une religion pra-tiquement unique dans le paysage spirituel. La laïcité s'est donc construite autour des valeurs chrétiennes et non à côté. Ce qui était naturel étant donné la faible proportion des autres cultes en France,

---

1. Président de la Convention.

le judaïsme ayant été laïcisé de force par vingt siècles d'exclusion, et l'islam n'ayant alors qu'un séduisant et lointain parfum d'orient. Vouloir croire qu'il s'agissait d'une loi concernant le religieux en général ne serait donc pas le reflet de la réalité d'alors. Depuis, les colonies d'Afrique du Nord ont retrouvé leur liberté, l'URSS a vécu et disparu, et les frontières européennes sont tombées. Les relations entre l'État et désormais *les* religions définissent les nouveaux repères de notre société. Le communautarisme semble soudain s'opposer au principe républicain d'intégration. Et le multiculturalisme risque de donner naissance à une forme moderne de tribalisme, nourrissant contre toute attente des tensions raciales et confessionnelles, et naturellement des tendances intégristes.

Chapitre 2

Les cultures religieuses n'ont plus de frontières

Des spiritualités de différentes intensités

La mobilité du travail dans l'Union européenne contribue à l'introduction dans chaque État de formes différentes de spiritualités.

Selon un sondage réalisé par la Sélection du *Reader's Digest* dans quatorze pays de l'Union européenne, publié en février 2005, 71 % des Européens disent croire en Dieu, et 60 % des Français se déclarent croyants. Contre toute attente donc, les Européens ont, en grande majorité, la foi. Les Polonais sont les plus croyants avec 97 % de réponse positives. Il ressort également qu'en Russie, 87 % des personnes interrogées déclarent croire en Dieu, suivie de près par l'Autriche avec 84 % de croyants et l'Espagne avec 80 %. Un sondage sur les religions en Europe publié par *The Wall Street Journal* quelques mois auparavant indiquait que si 96 % des Roumains et 92 % des Grecs se déclarent croyants, en Italie 86 % sont catholiques et 39 % pratiquants. Il n'y aurait en fait que 25 % des Européens de l'Ouest qui se définissent comme athées, alors qu'ils sont seulement 12 % en Europe centrale et orientale. Les Turcs, dont les liens avec l'Union européenne iront certainement en se resserrant, se déclarent musulmans à 95 %, et 72 % d'entre eux affirment respecter les préceptes de l'islam.

Ces sensibilités religieuses font donc aujourd'hui pleinement partie du paysage sociétal français et européen et *a fortiori* du monde du travail. En passant des frontières invisibles, personne ne laisse plus à la douane ses bagages spirituels pour faire allégeance aux totems de la République. Bien au contraire, la laïcité française n'est pas perçue par les nouveaux arrivants comme un système areligieux mais comme un espace privilégié de liberté de conscience et de culte.

Deux réalités contradictoires

Cette neutralité affichée par la République française n'est pourtant pas aussi tolérante que l'on se plaît à le croire. En fait, la laïcité à la française, paraissant parfois comme une *religion civique et civile*[1], est cimentée par deux réalités contradictoires : une mémoire collective révolutionnaire et anticléricale et, paradoxalement, une conscience chrétienne qui n'est pas si éloignée des cultures religieuses de nos voisins européens.

En 1992, une enquête CSA, *La Vie-Fleurus* sur les croyances des jeunes en France a permis d'observer que 67 % des 16-18 ans s'affirment croyants, que pour 49 % des 16-18 ans, « *Jésus-Christ est le fils de Dieu* », et que 21 % des « *sans religion* » prient. Une enquête faite en 1988 parmi les étudiants de première année de trois facultés de Montpellier (lettres, droit et sciences) montre que 54 % d'entre eux affirmaient prier, une proportion à nuancer avec le fait que 79 % d'entre eux avaient été baptisés catholiques et 75 % avaient reçu une initiation religieuse. Données qu'il ne faut pas négliger dans notre réflexion, puisqu'il est évident que le problème de la gestion des cultures religieuses se déplace naturellement du monde de l'école vers celui de l'entreprise. Ceux qui ont répondu à ces questionnaires font désormais partie des actifs de nos entreprises.

---

1. Pierre Nora, « La nation forge ses propres mythes », *Historia*, mai 2005.

Au Royaume-Uni, le souverain est aussi le chef de l'Église anglicane. Au Danemark, le roi doit être fidèle à l'Église évangélique luthérienne. Religion d'État depuis 1536, son clergé est fonctionnarisé. En Belgique, bien qu'ayant intégré le principe de laïcité depuis 1993, l'État subventionne les cultes *reconnus*, et son roi est naturellement catholique. En Espagne, le roi est aussi un souverain catholique, mais si la constitution de 1978 dit rejeter toute confession d'État, des accords ont été signés avec le Vatican, et la subvention nationale a été transformée en une part d'impôt volontaire. Si l'Italie ne reconnaît plus de religion d'État, un concordat signé avec le pape en 1984 indique que « *les principes du catholicisme font partie du patrimoine historique du peuple italien* ». L'Allemagne, pour sa part, reconnaît les Églises comme des corporations de droit public. Chacun pouvant verser à la religion de son choix sa part d'impôt cultuel. En Pologne, l'influence de l'Église catholique dans la vie politique est grandissante. La laïcité a été pratiquement réduite à néant par le Concordat de 1995, le mariage civil a été limité par le mariage concordataire, et l'avortement interdit en 1993.

Pour mieux réfléchir sur la gestion, demain, des cultures religieuses et philosophiques dans le monde du travail, il est indispensable de prendre aussi en considération le regain d'intérêt des jeunes pour les religions, né entre 1990 et 1999, en partie par une distanciation des nouvelles générations avec les valeurs morales et religieuses des années 1960-1980. Une enquête comparative sur les valeurs européennes, citée dans *Le Monde* du 17 août 2005 par le sociologue Yves Lambert souligne que ce renouveau religieux est vécu avec plus ou moins d'intensité selon des pays d'Europe. Plus dynamique chez les jeunes entre 18 et 29 ans en Italie, au Portugal, en Belgique, en ex-Allemagne de l'Ouest, en Suède, au Danemark et en Finlande ; et moins net en France, aux Pays-Bas et en Autriche. C'est en Europe de l'Est que ce regain d'intérêt est sans doute le plus perceptible, comme en Roumanie, Bulgarie, Pologne, Hongrie et Lettonie.

Un équilibre difficile

Le droit de l'Union européenne n'ignore certes pas le fait religieux, mais ne se reconnaît pas de compétence dans le domaine des cultures religieuses. Ce qui ne facilite pas la tâche des entreprises. Les statuts des cultes relèvent en fait des droits nationaux, mais les États membres ont l'obligation de respecter les dispositions de la Convention européenne des Droits de l'homme, garantissant de manière extensive la liberté de religion et de croyance dans les limites des nécessités de l'ordre public.

Cet équilibre difficile entre laïcité, neutralité, religion dominante et respect des cultures religieuses minoritaires s'illustre de façon évidente dans le monde du travail, notamment en raison de la mobilité de plus en plus importante des ressortissants européens. En raison aussi de l'immigration extra-européenne, de l'intégration et parfois de la naturalisation des nouveaux arrivants. Chacun portant avec lui sa culture religieuse et son droit absolu à la pratiquer.

En Europe, 56 millions d'habitants sont nés dans un pays différent de celui de leur résidence. Quinze millions d'étrangers sont originaires de pays extérieurs à l'Europe ou qui n'appartiennent pas à l'Union européenne. Les migrants ou leurs descendants immédiats sont en fait plus nombreux, car il faut tenir compte des naturalisations accordées ou de celles obtenues de plein droit dans plusieurs États par les enfants nés de parents étrangers. En France, par exemple, on comptait, au recensement de 1999, 3 300 000 étrangers, auxquels s'ajoutent 4 300 000 *immigrés*. En 2001, selon l'OCDE[1], les nations européennes, l'Autriche, la Suisse ou encore la France ont augmenté de 15 % leurs admissions d'immigrants. En 2000, l'ONU a prévu que 800 millions de personnes immigreront en Europe d'ici à 2050, une nécessité pour parvenir à maintenir le ratio entre les actifs et les inactifs. Cette mobilité de l'emploi, cette nouvelle

----

1. OCDE, Organisation de coopération et de développement économiques.

24

liberté de mouvement, cette tendance à vivre dans un espace européen comme l'on vivait jadis dans sa région ou dans son pays, apporte aux entreprises une richesse incalculable, celle de l'énergie et de la culture de chaque nouvel arrivant. Depuis le traité de Rome instituant la Communauté européenne, le 25 mars 1957, l'un des grands rêves de l'intégration européenne passait par un marché du travail unifié. Un espoir que le droit de circulation à travers l'Europe et l'accès libre au marché du travail contribuent à concrétiser.

L'entreprise se trouve donc face à ces nouvelles réalités qui ne connaissent pas de frontières. Cette nouvelle mobilité de l'emploi impose désormais de prendre en compte les cultures religieuses dans leur diversité ainsi que dans leur intensité.

En France, une vendeuse d'un rayon parfumerie a préféré être licenciée plutôt que d'accepter de retirer son voile ; le vendeur du rayon boucherie d'une grande surface, décidé après deux années de travail à respecter à la lettre ses convictions religieuses, a refusé de servir du porc à sa clientèle ; un employé choisit de s'absenter sans autorisation pour participer à la fête de l'Aïd el-Kebir au risque pourtant de perdre son emploi. En Allemagne, un chauffeur routier sikh a réclamé le droit de porter son turban durant ses heures de travail. ■

Car, cela est évident, nous ne sommes plus dans une logique colonialiste, mais dans une logique d'égalité et de droit de conscience. La reconnaissance d'une culture religieuse doit donc remplacer l'esprit antique de tolérance. Cette reconnaissance qui est un élément indissociable du *vivre ensemble*, indispensable à la réussite d'une entreprise.

Éviter le conflit identitaire

L'excès de tolérance risque de tuer la tolérance. Cela n'est sans doute pas assez expliqué, mais il faut rester prudent face à la montée d'une intolérance dissimulée sous la robe séduisante de la tolérance. En

25

espérant appliquer à la lettre nos valeurs républicaines, ne parvenons-nous pas sans le vouloir au résultat opposé ? Et en voulant instaurant nos valeurs démocratiques en dogmes, ne tombons-nous pas dans les mêmes excès que les intégrismes que nous combattons ?

Le terme même de tolérance induit un désagréable relent de colonialisme et parfois de ghettoïsation. Accepter l'existence d'une culture religieuse différente et souvent minoritaire n'est pas un fait du prince, mais un droit inaliénable et égalitaire de chaque individu. Néanmoins, privilégier l'intérêt individuel sur l'intérêt collectif animé par un sentiment de tolérance automatique et universelle, risque de détruire l'idée même de reconnaissance. De même, créer une société morcelée en une multitude de tendances au nom du pluralisme tue petit à petit le pluralisme.

La philosophie des Droits de l'homme crée parfois une logique perverse à laquelle toute entreprise, comme toute société, se trouve confrontée. Mais le monde profane n'est pas seul à faire face à ces interrogations. Le débat autour du salut individuel et du salut collectif anime les interprétations des textes religieux depuis près de trente siècles. Bien avant, dans le monde polythéiste, les sacrifices humains destinés à sauver la collectivité de la perdition provoquaient déjà de nombreux conflits philosophiques.

La perversité du tout tolérant

Le prosélytisme passif est une expression évidente de la perversité du tout tolérant. Le fait par exemple que par souci de tolérance des restaurants d'entreprises ou des cantines scolaires ne servent pas de porc, entraîne automatiquement l'annulation du droit de ceux qui souhaitent consommer choucroute, petits salés ou jambon purée. Le mot-clé dans cette situation est bien le mot « choix » et non le mot « droit ». Du fait de son obligation de neutralité et de non-discrimination, l'employeur est certes tenu de fournir – s'il existe un restaurant d'entreprise – un repas convenant à tous ses salariés, quelle que soit leur confession. Si des difficultés surgissent quand, par exemple, des salariés suivent à la lettre les lois alimentaires de leur religion, l'employeur peut accorder une prime de repas aux salariés concernés, mais doit aussitôt la proposer à l'ensemble du personnel de l'entreprise. Il n'est donc pas étonnant qu'il vaille mieux prendre en considération le plus simple dénominateur commun pour éviter des frais supplémentaires, et supprimer des menus les aliments considérés « *impurs* » par certains.

Le degré de tolérance d'une société ne doit pas être évalué en fonction du degré de conviction religieuse de ses membres. Il ne peut y avoir acceptation de l'autre qu'à condition que l'autre vous accepte. Il ne peut donc y avoir d'effacement d'une conviction au profit d'une autre conviction plus radicale. Le risque inhérent d'une telle attitude est bien la substitution de l'antique lutte de classes par de préhistoriques luttes tribales. Dans ce cas, la tolérance ne serait qu'un préalable à d'interminables affrontements, et le monde de l'entreprise se trouverait le champ de batailles que l'on croyait à jamais disparues.

Le temps des dieux n'est pas le temps des entreprises

L'entreprise, *a priori* laïque et neutre, ne peut entrer dans les millénaires débats spirituels. Il est évident que ce n'est pas dans le temps de vie d'une entreprise ou même d'une république que seront réglées les infinies alternatives des vérités religieuses. Convenons-en aussi, les interprétations des Commandements, des prescriptions, et des rituels religieux sont véritablement sans fin. Et ce n'est certainement pas à un profane, responsable d'entreprise ou même élu de la République, d'apprécier la pertinence spirituelle d'un dogme, d'un rite ou même d'un signe. C'est bien là un débat qu'il ne faut surtout pas aborder si l'on veut vraiment réussir à gérer équitablement des cultures religieuses dans le monde du travail.

Toutes les vérités religieuses sont vraies à un moment ou un autre de l'histoire humaine. Les dogmes religieux sont perpétuellement renouvelés par les générations successives selon les réalités historiques, politiques, sociales et géographiques de leur temps. Alors, la rencontre entre le temps circulaire des religions, dont l'objectif principal est de revenir perpétuellement à l'instant parfait de la Création, et le temps linéaire de l'histoire profane où le présent tient une place essentielle, ne peut créer qu'incompréhension et discrimination. La laïcité apparaissant alors comme seul contrôle de la vitesse de percussion des vérités en présence.

L'exemple de ces croyants moldaves refusant en 2002 des papiers d'identité « *diaboliques* » montre bien le décalage que peut atteindre un tel choc temporel. En effet, sans doute inquiétés par la multiplication des ethnies dans cette petite république de 4,4 millions d'habitants, indépendante depuis 1991 (Moldaves, Russes, Ukrainiens, Gagaouzes, Bulgares et Tsiganes, à 98 % chrétiens orthodoxes), quelques centaines de croyants orthodoxes ont manifesté par un piquet de prière devant le palais présidentiel moldave de Chisinau, considérant que les nouveaux documents d'identité comportant un code chiffré faisaient apparaître après de savants calculs le nombre 666, décrit dans les textes bibliques comme le chiffre du diable. « *Les croyants exigent que l'identification des chrétiens se fasse par le nom reçu lors du baptême et non par les numéros des documents d'identité* », a expliqué à l'AFP (Agence française de presse, le 30 janvier 2005) Anatoli Tchibrik, archiprêtre de l'église Sainte Paraskiva à Chisinau, capitale de la république de Moldavie, enclavée entre la Roumanie et l'Ukraine. ▪

Comme souvent dans ces cas, la posture religieuse naît de superstitions et non de dogmes religieux, et plus souvent encore de l'absence d'éducation théologique des croyants concernés par cette affaire. Car ce fameux nombre du diable, 666, représente en fait la valeur numérique en hébreu du nom de Néron.

Face à de telles superstitions, l'entreprise pourrait-elle être contrainte de changer ses numéros de téléphone ou de faire modifier son adresse postale ? Question surprenante mais inévitable : les employés d'une entreprise pourraient-ils légitimement influer sur la conception même des produits fabriqués ou commercialisés par leur employeur en raison de leurs convictions religieuses ?

L'intégrisme est une religion en soi

Séparé du système de pensée contemporain, l'intégrisme, dans toutes les croyances, est plus proche d'une logique sectaire que d'une vérité originelle. Ne nous laissons pas hypnotiser par les propos de Hani Ramadan, directeur du Centre islamique de Genève, qui imagine sans doute que la souveraineté d'un État laïque et républicain s'arrête là où commence la charia : « *En islam, l'être humain n'est réellement libre, homme ou femme, qu'à partir du moment où il se soumet entièrement à Dieu et à Dieu seul* », estime-t-il, dans un article paru dans *Le Monde* du 10 septembre 2002 ; il ajoute que « *Pour le respect de la femme* (qui porte le voile) *il est hors de question de la mettre de force sous la tutelle d'une quelconque loi* ». Hormis donc celle de l'islam. Et de conclure que « *l'avilissement de la femme résidait plutôt dans la prostitution que la République autorise* »[1]. Quant à son frère, le médiatique

---

1. Le 10 septembre 2002, dans la page « Débats », du quotidien *Le Monde,* le point de vue intitulé *La charia incomprise* justifie la lapidation au nom de la charia et décrit le sida comme étant une punition. Ce point de vue, signé par Hani Ramadan, directeur du Centre islamique de Genève, reprend une tribune de l'auteur intitulée *La Sharî'a (loi islamique) incomprise* et publiée, en septembre 2002, dans le bulletin n° 2 du Comité pour le respect des droits des musulmans (CRDM).

Le 13 septembre 2002, *Le Monde* publie, sous le titre *La charia incomprise ?*, un point de vue d'Albert Levy, chercheur au CNRS, qui tout en notant que Hani Ramadan « *jouit librement de l'État de droit et de la laïcité que lui offre l'Occident* », relève que le monde arabe « *n'a pas pu, encore, opérer la* désintrication *de la sphère du religieux avec les sphères du politique, du juridique, du savoir pour réaliser sa révolution démocratique* ».

Tariq Ramadan[1], il a proposé lors d'un débat télévisé sur France 2, le 20 novembre 2003, « *un moratoire sur la lapidation des femmes… en attendant un vrai débat sur le sujet* ».

Il est peu probable que ces propos soient suivis par les cinq millions de musulmans de France, les quatre millions vivant en Allemagne, les trois millions de Grande-Bretagne, les deux millions d'Espagne et le million vivant en Italie.

La Turquie, une nation de confession musulmane prédominante, membre du Conseil de l'Europe et candidate à l'intégration dans l'Union européenne, se trouve confrontée à la cohabitation des principes démocratiques laïques et de la loi islamique. La loi du 13 décembre 1934 y interdit le port du voile hors des lieux de culte et des cérémonies religieuses. La loi du 15 juillet 1965 y interdit le port du voile dans la fonction publique et les écoles, et la circulaire du 28 mars 1997 interdit le port du voile dans l'enceinte des lycées religieux.

L'Iranienne Shirin Ebadi, prix Nobel de la paix 2003, n'a-t-elle pas fait à la face du monde, la démonstration de sa volonté de liberté – et de celle de la grande majorité des femmes musulmanes – en allant recevoir son prix tête nue ?

Encadrer par des structures neutres

En fait, les religions ont besoin d'être encadrées par des structures neutres pour pouvoir s'épanouir sereinement dans la diversité. C'est donc à la société laïque d'établir les réglementations nécessaires pour que les religions puissent s'exprimer dans les meilleures conditions.

---

1. Petit-fils de Hannan el Banna, fondateur des Frères musulmans en Égypte, Tariq Ramadan est docteur en philosophie et en islam ; il a été professeur au collège de Saussure (Genève) et chargé de cours d'islamologie à l'université de Fribourg. Le gouvernement américain lui a refusé un visa de travail pour enseigner dans l'université catholique Notre-Dame dans l'Indiana.

Ce n'est pas aux instances religieuses d'imposer leurs prescriptions dans l'espace profane. L'entrisme religieux n'a donc ni à influencer la vie politique ni l'activité d'une entreprise.

Réfléchir à une meilleure gestion des cultures religieuses dans le monde du travail n'implique certainement pas de tomber dans le piège du conflit identitaire recherché par certains politico-religieux plus médiatiques que saints, ou par quelques intégristes de l'athéisme d'État, mais au contraire chercher à appliquer avec la plus grande éthique les valeurs qui nous rassemblent. N'oublions pas que le mot laïcité n'est apparu qu'en 1872, vingt ans après la notion politique d'anticléricalisme, alors que Gambetta[1] s'exclamait : *« Le cléricalisme, voilà l'ennemi ! »*.

L'exacte définition de la laïcité reste encore à trouver. Prenons-en pour exemple les mots ambigus du philosophe Henri Pena-Ruiz : *« S'il y a aujourd'hui des privilèges qui demeurent pour certaines religions dans l'espace public, ce n'est pas en étendant ces privilèges à une autre religion qu'on résoudra le problème, mais en supprimant les privilèges des religions qui en jouissent aujourd'hui... Chaque religion sera ainsi ramenée à son statut d'option spirituelle... Et la laïcité reprendra son rôle de système pour apprendre à vivre et à travailler ensemble.[2] »*

S'adapter pour survivre

Il est vrai aussi que la pratique traditionnelle de l'islam ne distingue pas encore de frontière nette entre la loi religieuse et la loi profane, alors qu'au contraire, le judaïsme moderne, modelé par plus de trois

---

1. Gambetta cite, dans cette formule, son ami et député Alphonse Peyrat.

2. Ces propos correspondent à l'ouvrage écrit par Henri Pena-Ruiz, *Dieu et Marianne : Philosophie de la laïcité,* paru aux Presses Universitaires de France en 1999 et illustré durant une conférence intitulée « Laïcité contre pensée unique », organisée le 18 mars 2000 par le Comité laïcité et république et l'association ATTAC.

millénaires d'asservissement (Assyriens, Babyloniens, Perses, Macédoniens, puis Romains), a développé une étonnante capacité à s'adapter pour survivre, sans perdre son âme et tout en respectant la *loi du Pays*. Prenons-en pour preuve la prière pour la République récitée généralement à l'issu de l'office, la veille de Yom Kippour : « *De ta demeure sainte, Ô ! Seigneur, bénis et protège la République française… Rends à notre pays bien aimé la sécurité et le bonheur… Que les rayons de ta lumière éclairent ceux qui sont à la tête de l'État…*[1] »

Pour l'Église catholique, qui ne s'est accommodée de la laïcité que depuis un siècle à peine, la transition n'est sans doute pas achevée, et l'expression des convictions religieuses de l'islam a eu depuis quelques années pour effet la volonté des croyants catholiques de retrouver leurs racines spirituelles.

Une relation nouvelle à définir

Les relations entre les cultures religieuses et le monde du travail ne se limitent donc pas – contrairement aux idées reçues – à l'intégration de la pensée musulmane, mais englobent aussi une relation nouvelle à définir avec la pratique de tous les cultes. Si, en effet, la France compte 7,7 % de catholiques pratiquants en 2004 (contre 12 % en 2002), 31,5 % des catholiques disent respecter les cérémonies et les fêtes principales de leur culte[2]. En fait, la pratique du repos dominical peut-elle être considérée comme un élément fondateur de la pensée catholique ou a-t-elle perdu toute particularité religieuse ? Qu'en est-il donc du samedi des juifs et du vendredi des musulmans ? Peut-on considérer que l'Église catholique ne s'accommode parfaitement

---

1. Inspirée par *Craindre l'Éternel ainsi que le Roi* (Proverbe 24,21) et *Recherchez la paix pour la ville* (où vous résidez) (Jérémie 29,7) ; des prières pour : Le salut du souverain et du gouvernement, le Président et la République sont récitées, généralement lors du Chabbat et des jours de fête.
2. Enquête de l'institut CSA publiée par le journal *La Croix* le 24 décembre 2004.

de la laïcité française que parce que, tout simplement, ses fêtes principales ont envahi la sphère profane ? Qu'en est-il alors de la célébration de l'Hégire pour les musulmans ou de Yom Kippour pour les juifs ? Des salariés bénéficieraient-ils en France d'un statut privilégié au regard du respect de leurs fêtes religieuses dépendamment de leur confession ? Ces questions peuvent sembler au premier abord ne détenir qu'un écho *communautariste*, mais il n'en est rien. L'Europe par adhésion a certes remplacé les empires par conquête d'antan, mais la gestion des flux de populations n'a pas vraiment changé. Et si Sénèque ou Tacite se plaignaient déjà au Ier siècle de l'influence des cultes orientaux sur la société romaine (c'est-à-dire principalement de la pensée monothéiste juive et du christianisme émergeant), n'ayons pas un instant la naïveté de croire que la laïcité à la française parviendra à effacer les racines spirituelles de chacun d'entre nous, quelle que soit son histoire religieuse.

La situation en Europe occidentale

Voici illustrée la situation en Europe occidentale[1].

Critères	En France (en %)	Minimum (en %)		Maximum (en %)	
			Pays		Pays
Se définissent comme religieux	44	37	Grande-Bretagne, Suède	85	Portugal
Se disent athées convaincus	14	2	Irlande, Autriche, Grèce	14	France

.../...

---

1. Tableau publié en décembre 2002 par l'*Actualité des religions*.

Critères	En France (en %)	Minimum (en %)		Maximum (en %)	
Affirment la religion comme assez importante pour eux	36	27	Danemark	79	Grèce
Appartiennent à une religion	57	46	Pays-Bas	97	Grèce
Appartiennent au catholicisme	53	1	Danemark	87	Irlande
Appartiennent au protestantisme	2	0	Portugal, Italie, Espagne, Grèce	87	Danemark
Sont sans religion	43	3	Grèce	54	Pays-Bas
Participent à une cérémonie religieuse au moins une fois par mois	12	9	Suède	67	Irlande
Prient un Dieu personnel au moins une fois par semaine	19	19	France	68	Irlande
Ont confiance dans les Églises	44	29	Pays-Bas	79	Portugal
• elles apportent une réponse aux besoins spirituels	51	37	Pays-Bas	66	Grèce
• elles apportent une réponse aux besoins moraux	33	16	Danemark	55	Italie

…/…

Critères	En France (en %)	Minimum (en %)		Maximum (en %)	
• elles apportent une réponse aux problèmes familiaux	26	12	Danemark	43	Italie
• elles apportent une réponse aux problèmes sociaux	20	9	Danemark	38	Italie, Grèce
Croient en Dieu	56	47	Suède	93	Irlande, Portugal
Croient en un Dieu personnel	21	16	Suède	77	Portugal
Croient au péché	37	18	Danemark	79	Irlande, Grèce
Croient à une vie après la mort	39	32	Danemark	68	Irlande
Croient à un enfer	18	8	Danemark	46	Irlande
Croient en un paradis	28	16	Danemark	77	Irlande
Croient en une réincarnation	25	15	Italie, Danemark, Finlande	25	France

Chapitre 3

Religions et travail, une relation fondatrice

Deux visions opposées du travail

La relation mouvementée, difficile, parfois pénible entre l'homme et le travail ne date pas d'hier. En fait, le travail est empreint de spiritualité dès le jardin d'Éden, ce paradis où certains veulent croire qu'Adam n'avait pas besoin de travailler pour vivre : « *Dieu prit l'homme et le plaça dans le jardin d'Éden pour le cultiver et le garder* » (Genèse 2,15).

Le travail de l'homme est alors un acte sans aucun doute religieux dont l'objectif principal est de former sa sagesse. Il n'y avait pourtant alors ni artisanat, ni commerce, ni industrie, et pas encore de peine à l'ouvrage, ni congés payés, ni indemnités de chômage. Adam, davantage semblable aux anges qu'aux mineurs de *Germinal,* travaille pourtant, mais ce qui lui est épargné, c'est la pénibilité d'un travail qui n'est alors qu'une aide à sa vie morale.

Après le péché originel, la terrible faute d'avoir goûté au fruit de l'arbre de la connaissance du bien et du mal, Dieu décide que la terre ne donne plus ses produits sans être ensemencée ou labourée, et avec beaucoup d'efforts et de souffrances. Désormais, Adam pourra manger son pain à la sueur de son front.

Se dessinent alors deux visions opposées du travail et du rapport de l'homme avec l'entreprise.

Une malédiction

Le travail apparaît à certains comme une malédiction. Travailler est pour ceux-là un châtiment perpétuel à subir, en paiement de la faute commise dans le jardin de la Création. Aspirer à se libérer du *travail punition* comme on se libère d'un boulet passe naturellement par la glorification des loisirs, et l'assimilation des responsables d'une entreprise à des esclavagistes. L'homme demeure alors dans un rapport d'essence polythéiste, rêvant toujours de se libérer du joug de ses divinités. Les romains antiques, à raison de trois esclaves pour un homme libre, voyaient d'ailleurs dans l'inactivité l'idéal de la vie et réservaient la seule immortalité aux divinisés Césars.

Un salut

Dans une perspective différente, le travail n'apparaît pas comme un châtiment mais comme le moyen de son salut. Le travail devient alors un vecteur de rédemption, permettant à l'homme de se purifier du péché originel. En fait le travail rédempteur veut replacer l'homme à sa juste place face à sa divinité, c'est-à-dire face à elle et non à ses pieds. La logique monothéiste a libéré l'homme de la multitude de dieux qui l'asservissaient. À travers la rédemption du péché originel, l'homme peut aspirer désormais à une vie après la mort. Le repos n'est donc plus synonyme d'oisiveté mais d'absence de peine – un sommeil dont la qualité est proportionnelle à celle du travail.

Le travail, une notion biblique ?

La pensée biblique insiste sur l'aspect spirituel du travail : « *L'Éternel t'a béni dans tout le travail de tes mains* » (Deutéronome 2,7). En effet, si la pénibilité du travail et l'idée de châtiment qui l'accompagne iront jusqu'à ce que le nom même de Noé signifie en hébreux *repos*, la pensée biblique est la première à annoncer, par le travail, l'espoir d'une rédemption. En fait, la loi juive, prescrite dans les textes bibliques, organise le monde du travail comme un culte. L'hébreu emploie d'ailleurs le même terme, *avodah*, pour désigner le travail et le culte.

« Le salaire de l'ouvrier devra être versé avant le lendemain matin » (Lévitique 19,13). Les sages du Talmud iront jusqu'à déclarer que si un employeur n'a pas le droit de mettre fin à un contrat de travail, sans motif justifié, *« le salarié lui, peut démissionner quand il le décide*[1] ». Les sages d'alors et d'aujourd'hui, attachant aussi une grande importance aux devoirs du salarié envers son employeur, le dispensent de réciter des prières durant les heures de travail. En fait, les relations contemporaines entre le monde du travail et les hommes sont profondément d'inspiration biblique. Ne perdons pas de vue qu'après avoir fui l'Égypte et la corvée, les Hébreux appliquèrent la clause du repos du septième jour. Une vraie révolution sociale puisque le mois égyptien divisé en trois décades n'octroyait un jour de repos qu'après neuf jours de travail consécutifs. Quant à l'esclavage, source infinie de travail… et d'oisiveté, pour les romains, il est limité, dans la pensée biblique, à six années. Ce contrat à durée déterminée avant l'heure garantissait au travailleur l'alimentation et les vêtements ainsi qu'un petit pécule pour s'installer à son compte à l'issue des six années de labeur.

L'image de Dieu est fondatrice d'une véritable théologie du travail. Le droit au travail serait donc, dès la création de l'homme, un véritable onzième commandement. En effet, puisque l'homme est appelé par Dieu à se livrer au travail durant toute sa vie, il doit pouvoir

---

1. Babba Metsia, 70a.

travailler. Son devoir à l'égard de Dieu fonde ainsi son droit à l'égard des hommes. Personne n'est donc autorisé à priver quelqu'un de la possibilité de travailler. N'est-il pas naturel alors que le préambule de la Constitution de 1946 stipule que : « *Chacun a le devoir de travailler et le droit d'obtenir un emploi* » ?

Le droit au travail n'est pas seulement un droit à vivre qu'il permet de renouveler chaque jour, ce n'est pas seulement le droit de manger à sa faim, ou de se couvrir quand il fait froid. Si l'homme doit pouvoir travailler, c'est parce que Dieu lui offre, dans le travail, la possibilité de se purifier du péché originel en se rendant utile aux autres.

L'ascétisme, perte de l'élan vital ?

Associer la nécessité du travail aux pratiques religieuses a naturellement provoqué un débat sur l'incompatibilité potentielle du travail et de la quête de sainteté. L'ascétisme devient alors une des formes les plus évidentes d'interaction entre les cultures religieuses et le monde du travail. Que ce soit à travers l'influence de saint Benoît et du monachisme, celle des soufistes de l'islam ou du bouddhisme, notamment en Inde, l'ascétisme a été de tout temps une remise en question des relations que l'homme doit entretenir avec le travail. Nombreux sont ceux qui considèrent que les causes originelles de la misère économique de l'Inde trouvent leur explication d'abord dans « *une religion inspirée par les castes dominantes, orientant toute la vie et la pensée vers un négativisme hostile à l'activité terrestre*[1] ». Pourtant, à l'origine, le travail tenait dans la culture religieuse de l'Inde une place équivalente à celle exprimée dans les textes bibliques. Le mythe de Prométhée d'où est issu *l'homo faber*, est d'ailleurs né en Inde. Mais

---

1. Pierre Jaccard, *Histoire sociale du travail, de l'Antiquité à nos jours,* Payot, 1960.

les lois de Manou, à l'origine d'un terrible régime de castes organisées à travers la division du travail, annoncent que « *l'Être souverainement glorieux assigna aux hommes des occupations différentes[1]* ».

L'influence du bouddhisme eut ensuite pour effet le rejet d'une sagesse liée au travail afin de privilégier un détachement des intérêts du monde terrestre. Ainsi, le travail, considéré comme un devoir porteur d'honneur, se retrouve pratiquement considéré comme un obstacle au bonheur. De là à estimer que le bouddhisme ou le brahmanisme étaient en fait des religions aristocratiques, il n'y a qu'un pas, que nous ne franchirons pas sans préciser que la philosophie de l'Éveillé était et reste aussi porteuse d'une véritable compassion et d'une volonté de libération de l'homme des angoisses et des peines de la vie. C'est néanmoins quand cette vision du monde s'introduit dans la sphère du travail, donc de l'entreprise, que l'auto-exclusion de l'ascète aux fins d'obtenir son salut individuel risque de devenir une contradiction pour le salut de la collectivité tout entière. Car l'ascétisme se nourrit d'aumônes rendues possibles par le travail des autres. Vieille lutte à jamais finale entre le travail de l'esprit et le travail des mains. L'ascète s'exclut du monde du travail, avant de s'exclure de la vie même. Ce coup d'arrêt à l'élan vital inhérent à l'activité du travail et à l'entreprise ne concerne pas seulement l'Inde.

Il existait au début du premier millénaire, à Antioche et à Constantinople, des mouvements d'inspiration chrétienne dont les fidèles, sous prétexte d'ascétisme et de prière constante, se faisaient nourrir par d'autres membres de la communauté chrétienne. Ces fameux Messalianistes originaires de la province de Syrie, excluaient le travail manuel de l'occupation des « parfaits », tous adonnés à la tâche spirituelle et à la prière. Ils seront plus tard accusés d'avoir enseigné la

---

1. *Lois de Manou*, texte et traduction française par Loisleur-Deslongchamps, 1830-1833, 2 vol. Les lois de Manou, *Mânava-dharma-çâstra*, constituent une œuvre en dix-neuf livres, comprenant 5 370 vers publiés à Paris en 1830, et dans lesquels est transmis un enseignement révélé, ainsi que les préceptes de la Loi.

paresse et toutes ses suites sous prétexte de prières continuelles. Eux qui prétendaient obéir aux préceptes de Paul et se livrer à un travail spirituel, au jeûne, à la prière, n'avaient donc pas, pour cela, le droit d'être sustentés par d'autres. Cette irruption de l'étude, de la prière, d'une forme sophistiquée d'ascétisme dans le monde du travail n'a pas fait débat que dans le christianisme. Bien avant, les penseurs juifs débattaient de la justesse de consacrer tout son temps à l'étude de la Torah. Gamaliel l'Ancien (Ier siècle) dut en effet déclarer pour calmer les esprits : « *Grande est l'étude de la Torah accompagnée d'une activité professionnelle... car en peinant sur les deux, l'homme oublie le péché[1]* ». Maimonide, médecin et penseur du judaïsme médiéval (1135-1208), déclarera plus clairement dans ses *Épîtres* que « *tout érudit doit subvenir lui-même à ses besoins[2]* ».

Être religieux ne devrait donc pas être un métier. Dans cette perspective, il apparaît essentiel que, conformément aux textes bibliques, les professionnels de la spiritualité poursuivent un travail terrestre et soient donc confrontés aux réalités du présent. Ce qui est d'ailleurs le cas de nombreux responsables cultuels.

Une menace pour la société ?

L'ascétisme a aussi influencé l'islam, notamment à travers le soufisme, qui prône depuis la fin du VIIIe siècle, l'intériorisation, la contemplation et le combat des vices. Hassan al Bannâ, fondateur de la confrérie des Frères musulmans, est lui-même issu d'une famille soufie très religieuse. Mais, tout comme l'ascétisme bouddhiste qui devait sans doute être d'abord destiné aux prêtres et non appliqué intégralement à la

---

1. *Le chapitre des Pères, Avot*, 2,2 ; Gamaliel l'Ancien fut une autorité suprême en matière de Halakhah, interprétation des obligations religieuses auxquelles doivent se soumettre les juifs dans leur rapport avec Dieu et avec leur prochain.
2. *Commentaire sur le traité* Avot, chapitre 4.

société profane, l'ascétisme monachiste ne devait concerner que la vie monastique et non le monde du travail. L'ascétisme, de quelque croyance qu'il soit issu, est toujours une forme de menace pour la société puisqu'il prône non seulement une auto-exclusion du monde terrestre mais aussi la mission d'adapter ce monde aux règles religieuses les plus strictes.

L'influence de l'ascétisme sur le monde du travail devrait sans aucun doute être prise en compte dans la réflexion sur l'interaction entre les cultures religieuses et l'entreprise. La liberté de conscience et de religion étant un élément essentiel de notre société, comment le monde du travail pourrait faire cohabiter la création de richesses et la croyance que la pauvreté serait un don de Dieu ? Débat interminable, puisque les textes bibliques précisent qu'Adam avait bien la tâche de prendre soin du jardin de la Création. Autant de contradictions qui peuvent encore paraître préjudiciables au bon fonctionnement d'une entreprise.

L'esprit des lois face aux lois de l'esprit

Sept lois noachides créent le concept de l'État de droit

Obligation d'établir un système de justice civile appuyé sur des magistrats ; interdiction de l'idolâtrie ; interdiction du blasphème, donc du faux témoignage ; interdiction de l'inceste et des autres délits d'ordre sexuel ; interdiction de l'homicide ; interdiction du vol et de la cruauté sous toutes ses formes envers les animaux. Ces sept commandements, donnés à Noé et destinés à l'humanité tout entière ont jeté les fondations de nos futurs États de droit. Intégrées au judaïsme, au christianisme puis à l'islam, les lois noachides incluent à la fois la reconnaissance d'une transcendance et l'idée de responsabilité individuelle. Une dualité que nous retrouvons encore aujourd'hui dans la coexistence entre obligations religieuses et valeurs de la démocratie.

Un risque de duel

Une fois les rapports entre l'homme et ses dieux précisés, les religions ont donc édicté les premières lois nécessaires à la gestion des activités humaines. Des lois qui tenaient leur légitimité d'une puissance extérieure à l'homme puisqu'elles émanaient de la volonté divine avant tout. Puis, une fois l'homme face à ses responsabilités, c'est la société tout entière qu'il a fallu organiser. C'est alors que la société humaine a édicté ses propres lois, issues cette fois directement de l'homme, mais tenant toujours leur légitimité d'une puissance extérieure et intérieure, la *res publica*, la chose publique. Si les premières lois qui ont régi les hommes étaient des préceptes religieux, le droit européen reste profondément influencé par les lois bibliques, juives, puis chrétiennes. Religions et Droit ont donc des vocations semblables. Il n'est pas étonnant que lorsque leurs lois se rencontrent, notamment dans l'espace de l'entreprise, il y ait risque de duel.

L'entreprise est le reflet de la société et, à ce titre, doit prendre en compte tous les aspects de cette société. Encore faut-il que la loi lui en laisse la possibilité. L'entreprise devrait pouvoir garantir un espace neutre à ses salariés. Ce qui ne signifie pas un espace d'où toute expression religieuse serait exclue, mais bien un espace où la liberté de conscience des salariés serait prise en compte. Mais comment l'entreprise pourrait-elle répondre aux attentes philosophiques ou spirituelles de ses salariés, alors qu'elle est prise entre deux règles aussi importantes l'une que l'autre : le principe de non-discrimination à l'embauche, et l'obligation du respect de la vie privée ?

L'obligation de loyauté face au secret de conscience

« Les convictions religieuses, sauf clause expresse, n'entrent pas dans le champ du contrat de travail », a conclu la Cour de cassation en 1998[1] au sujet de l'employé musulman affecté au rayon boucherie d'un magasin d'alimentation qui refusait de manipuler, donc de vendre de la viande de porc. Il semble pourtant inévitable qu'un employeur,

---

1. Chambre sociale de la Cour de cassation, 24 mars 1998, RJS 6/98 n° 701.

pour être en mesure de respecter les convictions religieuses de ses salariés, en soit au préalable informé. Mais, dans le cadre de l'entretien d'embauche, l'employeur ne peut poser aucune question relevant de la sphère privée du candidat. L'autorité publique ne peut à son tour respecter les convictions religieuses des personnes que dans la mesure où elles en ont préalablement avisé l'entreprise. L'insertion d'une clause de conscience dans le contrat de travail apparaît néanmoins à la fois comme la solution et le problème. En effet, si l'employeur ayant pris connaissance des obligations religieuses d'un potentiel employé refuse de l'embaucher, doit-on pour autant considérer qu'il y a discrimination ? En fait, le Droit et la religion cherchant à s'émanciper l'un de l'autre, le Droit du travail veut royalement ignorer les religions. C'est de cette apparente indifférence qu'est issue une véritable zone d'ombre ne servant ni les intérêts des salariés ni ceux des entreprises.

La laïcité, une valeur fondatrice

Si l'obligation de loyauté pèse autant sur l'employeur que sur le candidat, celui-ci n'a pourtant pas à fournir spontanément des renseignements qui ne lui sont pas demandés. L'entreprise dispose en fait d'une marge de manœuvre plutôt étroite. Quelques décisions rendues par la Cour de justice européenne et la Commission de Strasbourg se sont montrées favorables à ce que le candidat informe son futur employeur avant son embauche sur les conséquences de ses convictions religieuses ; l'article 1134 du Code civil précise en effet que « *les conventions légalement formées tiennent lieu de loi à ceux qui les ont faites.* » Une réalité qui s'inscrit dans une logique de laïcité tout en introduisant une dose d'exception religieuse, bien que le Code du travail exige la neutralité d'un contrat de travail ; l'article 121-6 précise que, lors d'un entretien d'embauche, les informations demandées ne peuvent avoir comme finalité que l'appréciation des aptitudes professionnelles du candidat ; et l'article 120-2 interdit d'« *apporter aux droits des personnes et aux libertés individuelles et collectives des restrictions qui ne seraient pas justifiées par la nature de la tâche à accomplir ni proportionnées au but recherché. »*

Un candidat n'est donc pas tenu de communiquer ses convictions religieuses ou philosophiques ou même le cas échéant son statut de prêtre[1]. À l'inverse, l'introduction d'une clause expresse dans un contrat de travail permet la prise en compte d'aménagements fondés sur les convictions religieuses d'un salarié. Néanmoins, le refus d'embauche au motif d'impératifs religieux incompatibles avec les attentes de l'employeur pourrait être considéré discriminatoire.

Le 16 décembre 1981, la Chambre sociale de la Cour de cassation a considéré légalement justifié le licenciement d'une salariée de religion musulmane qui n'était pas venu travailler le jour de la fête de l'Aïd el-Kebir, malgré le refus de son employeur de l'y autoriser. Compte tenu des circonstances, l'absence non autorisée d'un jour n'a néanmoins pas constitué une faute grave. ■

Le 9 septembre 1997, une vendeuse d'articles féminins, licenciée en raison de son refus de modifier sa tenue vestimentaire conforme à ses convictions religieuses musulmanes, a également vu son licenciement validé par la Cour d'appel, considérant donc que dans ce cas, l'intérêt de l'entreprise primait sur l'exercice des libertés individuelles[2]. ■

Le cas encore d'un instituteur musulman qui évoquait sa religion pour s'absenter depuis treize ans chaque vendredi après-midi et se rendre sur son lieu de prière, illustre bien l'obscurité des relations entre les cultures religieuses et l'entreprise[3]. L'employeur décida en effet de licencier l'enseignant qui connaissait ses obligations au moment de son embauche. L'instituteur selon la Cour, aurait dû révéler ses convictions religieuses lors de son entretien d'embauche pour pouvoir bénéficier de la protection de ses pratiques religieuses. Malgré le principe du droit acquis, la Cour européenne

---

1. Cassation soc., 17 octobre 1973.
2. Cour d'appel de Saint-Denis de la Réunion, Chambre sociale.
3. X contre Royaume-Uni, Cour européenne des Droits de l'homme, 12 mars 1981.

des Droits de l'homme, considérant donc qu'il ne s'agissait là que d'une tolérance, a tranché en faveur de l'employeur. En fait, si l'enseignant avait introduit une clause de conscience dès l'établissement de son contrat de travail, il n'aurait sans doute pas pu être licencié au motif de ces absences. ▪

Ce jugement est d'abord l'expression de la priorité de l'intérêt collectif de l'entreprise sur l'exercice des libertés individuelles. C'est aussi la confirmation, même si les juges ne se sont pas attachés au caractère religieux du tchador en question, de la nécessité pour le salarié de pouvoir faire état librement des obligations nées de ses convictions religieuses dans son contrat de travail. Si cette clause de conscience avait existé, la vendeuse musulmane n'aurait pu être licenciée pour faute puisque sa liberté de respecter les obligations de sa religion aurait été garantie par le contrat.

La Cour de justice européenne a à son tour débouté une candidate qui se plaignait de n'avoir pas pu participer aux épreuves d'un concours européen qui se déroulait le jour d'une fête religieuse. « *Si la candidate informe l'autorité investie du pouvoir de nomination que des impératifs religieux l'empêchent de se présenter aux épreuves, celle-ci doit en tenir compte et s'efforcer de retenir de nouvelles dates pour les épreuves*[1] », a précisé la Cour de justice, rappelant donc que le candidat qui réclame l'égalité des traitements doit révéler au préalable ses convictions religieuses. Là encore, il semble que nous devions apprendre à considérer le secret de conscience avec un peu plus d'ouverture d'esprit.

Jean-Paul II avait d'ailleurs estimé dans une lettre aux évêques de France que « *la société doit pouvoir admettre que des personnes, dans le respect d'autrui et des lois de la République, puissent faire état de leur appartenance religieuse. Dans le cas contraire, on court toujours le risque d'un repli identitaire et sectaire, et de la montée de l'intolérance, qui ne peuvent qu'entraver la concorde au sein de la Nation.*[2] »

---

1. Cour de justice de la Commission européenne, 27 octobre 1976.
2. Le 11 février 2005.

Jean-Arnold de Clermont, président de la Fédération protestante de France, estime au contraire que « *la religion n'a pas à être mentionnée. Elle relève de convictions privées au même titre que l'orientation politique ou syndicale ou sexuelle. Si les conditions de travail respectent les individus pour ce qu'ils sont et que l'entreprise offre la liberté du port des signes religieux et respecte les choix alimentaires, cette question ne se pose plus.* »

Il semble ainsi que refuser de prendre en considération les réalités religieuses d'un salarié pose plus de problème que cela n'en résout. Se défausser sur les règlements intérieurs des entreprises n'est pas non plus la solution idéale.

Limites du règlement intérieur

Le règlement intérieur « *ne peut comporter de dispositions lésant les salariés dans leur emploi en raison de leur sexe, de leurs mœurs, de leur situation de famille, de leurs origines, de leurs opinions ou confessions, ou de leur handicap, à capacité professionnelle égale* » (article L. 122-35 du Code du travail).

Ainsi, l'obligation imposée à tous les salariés d'une entreprise de porter une blouse blanche a-t-elle été jugée illicite au motif qu'elle constituait une atteinte à la liberté individuelle de se vêtir[1]. En ce qui concerne la tenue vestimentaire, les salariés sont en principe libres de porter la tenue et les accessoires de leur choix. Ils restent donc *a priori* libres de porter les signes extérieurs de leurs convictions religieuses, voile, kippa, turban, croissant de lune, croix ou étoile de David.

Le Conseil d'État a annulé en 1992 le règlement intérieur d'une entreprise qui interdisait le port de tout signe distinctif d'ordre reli-

---

1. Cassation soc., 18 février 1998, Bouery c/Sleever International ; RJS 4/98, n° 461, p. 289.

50

gieux, politique ou philosophique, considérant illicite une interdiction générale et absolue[1].

En fait, l'article L. 122-45 du Code du travail, stipule que nul ne peut apporter aux droits des personnes et aux libertés individuelles et collectives des restrictions qui ne seraient pas justifiées par la nature de la tâche à accomplir ni proportionnées au but recherché.

L'employeur ne peut donc imposer une tenue vestimentaire que si le salarié en a réellement besoin. La Cour d'appel de Paris[2] a d'ailleurs condamné l'usage d'une clause interdisant aux salariées le port du pantalon.

Voici quelques exemples de gestion de tenues vestimentaires dans l'entreprise qui ne peuvent que prêter à confusion :

La Cour d'appel de Paris a considéré, le 7 juin 1990, que l'employeur qui n'autorisait les caissières de son magasin à porter un pantalon que s'il est dissimulé par de hautes bottes, apportait une restriction excessive aux droits et libertés individuelles ou collectives, qui n'est pas justifiée par la nature des tâches des salariées.

La Cour d'appel de Rouen a confirmé, le 13 novembre 2001, le licenciement d'un salarié qui refusait d'obtempérer à l'interdiction de porter un bermuda sous une blouse. La Cour ayant considéré que le licenciement n'était pas constitutif d'un trouble manifes-tement illicite dans la mesure où il ne portait atteinte à aucune des libertés fondamentales protégées par l'article L. 122-45 du Code du travail.

La Cour d'appel de Paris a considéré, le 7 janvier 1988, que l'employeur peut légitimement exiger d'un salarié coiffé à « l'Iroquoise », c'est-à-dire, le crâne rasé sur les côtés et surmonté d'une crête, qu'il revienne à une coiffure plus conventionnelle. Toutefois, le licenciement de l'intéressé n'est justifié que s'il refuse, malgré les injonctions de l'employeur, de modifier sa tenue. Il appartient donc à l'employeur d'établir de manière non équivoque ce refus. ■

---

1. Conseil d'État, 2 novembre 1992.
2. Le 7 juin 1990.

L'employeur doit en effet chercher la conciliation, même face aux plus étranges fantaisies, même celles qui posent un problème à l'ordre public. On reconnaît néanmoins à l'employeur le droit de sanctionner le port inoffensif d'un bermuda tout en autorisant celui d'un voile ne laissant apparaître que le visage d'une salariée. Une contradiction qui prend toute sa dimension quand la Cour interdit d'interdire le port du pantalon pour les femmes en raison de l'aspect discriminatoire et sexiste de cette mesure…

En fait, la laïcité, considérée en France comme une valeur fondatrice, peut sembler absente des principes communs européens. L'article II-70 du projet de Constitution européenne reconnaît d'ailleurs « *la liberté de manifester sa religion ou sa conviction individuellement ou collectivement en public ou en privé, par le culte, l'enseignement, les pratiques et l'accomplissement des rites.* » Pour certains, la laïcité ne fait donc pas partie du projet européen. D'autres considèrent au contraire que l'article I-52, relatif au statut des églises et des organisations confessionnelles, laisse en fait à chaque État le soin de gérer selon son appréciation le statut de ses églises. Cet article stipule, en son paragraphe 1 : « *L'Union respecte et ne préjuge pas du statut dont bénéficient, en vertu du droit national, les églises et les associations ou communautés religieuses dans les États membres.* » Ces opinions contradictoires se reflètent naturellement dans des décisions de justice qui déstabilisent la vie de l'entreprise.

La décision de la 11e chambre correctionnelle de la Cour de Paris a considéré, le 25 octobre 1991, qu'un questionnaire d'embauche demandant aux candidats des précisions sur leurs éventuelles pratiques religieuses ne constitue pas un délit de discrimination dès lors que l'incidence des réponses sur la décision ultérieure de l'employeur n'est pas établie.

À l'inverse de l'esprit de cette décision, la 31e chambre correctionnelle du Tribunal de grande instance de Paris a jugé, le 19 décembre 1991, coupable de discrimination un dentiste musulman recherchant par choix personnel un confrère musulman pour le remplacer. La Cour n'a toutefois pas retenu que, finalement, un contrat de collaboration a fini par être conclu entre le dentiste musulman et un confrère de confession juive. ■

52

Difficile définition, interprétation complexe

La liberté de religion reconnue par l'article 2 de la Déclaration universelle des Droits de l'homme, renforcée par l'article 7 qui interdit toute discrimination, inclut selon l'article 18 : « *la liberté de manifester sa religion ou sa conviction... par l'enseignement, les pratiques, le culte et l'accomplissement des rites* ».

C'est bien ici l'interprétation du terme « *manifester* » qui peut poser problème. En fait, selon la Commission européenne, ces termes essentiels ne recouvrent pas tous les actes pouvant être déterminés ou inspirés par une conviction ou une religion[1]. Pourtant, l'article L. 120-2 du Code du travail a consacré la mutation du statut du salarié en celui de *citoyen salarié*, indiquant que le monde de l'entreprise, lieu d'activité collective, constitue donc en soi un espace favorable aux manifestations des opinions personnelles. Mais la participation des employés s'arrête là où commence la préservation de l'intérêt de l'entreprise. Intérêt qu'aucun texte n'est, jusqu'à ce jour, parvenu à définir.

Un cadre général ne pourrait-il venir soutenir les salariés dans l'expression de leurs convictions religieuses, et les entreprises dans leur obligation de maintenir une harmonie sociale construite autour du respect des libertés de chacun ?

Certes, dans le traité d'Amsterdam[2], la lutte contre les discriminations – qui ne prenait compte que la notion de « *nationaux* » et de « *ressortissants communautaires* » – a été élargie aux religions. Mais la

---

1. Requête n° 2988/86, citée par Vincent Coussirat-Coustère, Article 9 §2, dans *Commentaire article par article*, Economica, 1999, p. 361.

2. Signé le 2 octobre 1997 par les 15 membres de l'Union Européenne et entré en vigueur le 1er mai 1999 ; l'article 13 du traité d'Amsterdam stipule que : « *... le Conseil statuant à l'unanimité sur proposition de la Commission et après consultation du Parlement européen, peut prendre les mesures nécessaires en vue de combattre toute discrimination fondée sur le sexe, la race ou l'origine ethnique, la religion ou les convictions, un handicap, l'âge ou l'orientation sexuelle.* »

liberté de conscience reste en France une idée sans application directe dans le monde du travail. D'abord, sans doute, en raison de l'impression exagérée et franco-française que le principe de laïcité puisse être à la fois l'alpha et l'oméga d'une organisation humaine dans laquelle les religions auraient vocation à se dissoudre, alors qu'en réalité la laïcité ne peut être qu'un cadre garantissant la neutralité des structures publiques pour permettre que s'exprime la liberté de conscience de chacun. En fait, le Droit semble continuer de rester indifférent aux réalités religieuses comme un jumeau qui refuserait de reconnaître l'existence de son alter ego. Fêtes, jours chômés, jeûnes, signes et symboles religieux, gérer les cultures religieuses nécessite d'abord de connaître leurs principes fondateurs. Ceux-ci structurant les systèmes de pensée en présence depuis des milliers d'années, motivant, de façon souvent imperceptible, la moindre de nos décisions.

Le religieux fait signe

Comment discerner image d'entreprise et discrimination ?

Sur la question du port de signes religieux ostensibles, un sondage d'opinion réalisé en février 2005 par TNS Sofres pour le quotidien *Le Figaro* a montré que 53 % des Français ont estimé que les élèves et les enseignants dans les universités ne devaient pas être autorisés à porter des signes religieux ostensibles. Et 66 % interdiraient les signes religieux à l'hôpital et 69 % dans les services publics en général. Comme le rappelle Horace, l'opinion publique n'est pas toujours le reflet de la vérité et moins souvent encore celui du droit : si les opinions répétées ne peuvent que convaincre (*bis repetita placent*[1]), restons vigilants sur le fait que ce qui est répété n'est pas obligatoirement vrai.

L'article 120-2 du Code du travail stipule : « *Nul ne peut apporter au droit des personnes et aux libertés individuelles et collectives des restrictions qui ne seraient pas justifiées par la nature de la tâche à accomplir ni proportionnées au but recherché…* » Aucun texte à ce jour ne réglemente, n'autorise ou n'interdit le port de signes religieux dans l'entreprise.

---

1. *Odes,* Gallimard, 2004.

Une entreprise privée est-elle en mesure d'exclure l'expression d'une culture religieuse, sous prétexte que sa clientèle elle-même a une attitude discriminatoire vis-à-vis de ses salariés ? Tolérer la discrimination finit par rendre l'entreprise otage d'*a priori* contradictoires. N'est-ce pas pour cette raison même qu'un agent immobilier a été récemment condamné, alors qu'il ne faisait que satisfaire la volonté discriminatoire de ses clients[1].

Alors comment interpréter le « *critère de contact avec la clientèle* » préconisé par la commission Stasi dans son rapport remis au président de la République le 17 décembre 2003 ? Doit-on considérer que ce critère suffit seul à justifier une restriction de la liberté fondamentale d'expression religieuse ?

Voici deux décisions de justice à méditer et qui ne peuvent que plaider pour la transparence de conscience du contrat de travail :

Le Tribunal des Prud'hommes Paris a jugé le 17 décembre 2002 que le licenciement d'une salariée portant un foulard islamique malgré l'interdiction qui lui avait été faite, au moment de sa mutation au siège social, était en violation de l'article L. 122-45 du Code du travail.

Cette mesure considérée discriminatoire constituait selon ce texte un trouble illicite qu'« *il appartenait au juge des référés de faire cesser en prononçant la nullité du licenciement et en ordonnant la réintégration de la salariée dans son emploi, dès lors que l'employeur ne fournissait aucun élément objectif étranger à cette discrimination justifiant sa décision* ». Il est important de considérer dans cette décision que la salariée portait déjà un foulard islamique lors de son entretien d'embauche, ce qui n'avait donc pas empêché son recrutement. L'argument selon lequel les nouveaux locaux d'affectation étaient ouverts à la clientèle n'a donc pas été retenu. ▪

---

1. La Cour d'appel de Toulouse (3e chambre, 5 octobre 2004, n° 03-00593) a confirmé la condamnation d'un agent immobilier au motif qu'il doit refuser un mandat comportant des consignes illégales.

Le 16 mai 2001, la Cour d'appel de Paris a estimé que l'employeur est seul apte à juger de l'apparence d'une vendeuse en contact avec la clientèle dès lors que son exigence s'exerce dans le respect de l'ordre public et des bonnes mœurs et est fondée sur une cause objective liée à l'intérêt de l'entreprise. Le refus de l'employeur qu'une salariée dissimule par un foulard la tête, le cou et une partie du visage est justifié par la nature de la tâche à accomplir par une vendeuse au contact des clients d'un centre commercial ouvert à un large public dont les convictions sont variées et à l'égard desquels la neutralité ou à défaut la discrétion dans l'expression des options personnelles s'impose. La restriction apportée par l'employeur à la liberté de la salariée, limitée au seul port ostentatoire du foulard a été considérée, par la Cour, proportionnée au but recherché puisqu'il avait proposé le port d'un bonnet conforme à la fois aux exigences rituelles de cette salariée, et aux obligations commerciales de l'entreprise. ■

En fait, cette décision n'apporte pas d'élément concret de réflexion sur le port de signes religieux mais seulement sur le port d'une tenue vestimentaire adaptée à l'activité de l'entreprise. Les termes importants ici sont : « *au contact des clients* ». Ce qui supposerait qu'un contact épisodique ne poserait pas de problème et, surtout, qu'une tenue vestimentaire, quelle qu'elle soit, ne pourrait donc pas avoir d'impact sur l'environnement de la personne en question. Ceci montre aussi que, malheureusement, les législateurs comme les magistrats ne prennent pas en considération la différence essentielle entre signe religieux et symbole religieux. Croix, étoiles de David, main de Fatima sont des symboles alors que la barbe ou le voile[1] sont devenus des signes ayant vocation à modifier leur environnement, à le « *purifier* » pour le rendre acceptable selon les dogmes religieux de référence. Sans compter les signes et les symboles religieux dont nous avons oublié la signification mais qui restent toujours porteurs de leur sens originel. En fait, nous portons tous des signes religieux sans

---

1. Du point de vue du signe religieux, rien d'autre que la taille de l'étoffe ne différencie le voile du foulard.

le savoir. Par exemple, une perle, une main, un coquillage, en apparence de simples bijoux mais empreints en réalité d'une forte signification religieuse. Autant sans doute qu'une barbe, un foulard, un voile ou encore un tatouage.

Comment décider de la religiosité d'un signe ?

Alors qui peut décider de la légitimité d'un signe, de sa dangerosité ou de sa neutralité ? Qui peut faire la différence entre un signe acceptable et un signe inacceptable ? C'est là que résident les difficultés des législateurs à définir une loi compatible avec nos exigences de liberté de conscience et de non-discrimination et notre attachement à un espace public neutre. Ce n'est sans doute pas à un chef de service ou à un responsable des ressources humaines d'être contraint de prendre une telle décision. Il est évident, d'ailleurs, que le port d'une croix, d'une barbe, d'un foulard ou d'un voile ne diminue en rien les capacités professionnelles d'un salarié. Néanmoins, le port du voile exprime deux réalités aussi contradictoires que complémentaires : l'auto-exclusion et la discrimination. Le port de certains signes religieux crée en fait une discrimination à double sens. La salariée portant un voile s'exclut elle-même du système fondamental d'égalité entre hommes et femmes qui régit le Droit du travail, et du même coup, exclut de son environnement ceux-qui n'évoluent pas dans son système de pensée.

Les temps ne sont pas si lointains où les juifs, que ce soit dans le monde chrétien ou le monde musulman, n'avaient pas accès à tous les métiers. Le souvenir d'une telle injustice nous conforte dans notre devoir de non-discrimination à l'embauche autant que dans le cadre d'un parcours professionnel. Mais en l'absence d'une réglementation claire, comment l'entreprise peut-elle tracer la frontière entre le respect de la culture religieuse de ses salariés, la nécessité d'une gestion égalitaire de ses ressources humaines et l'harmonisation de son image ?

En Allemagne, le port d'un turban ne remet pas en cause la capacité d'un chauffeur à conduire un véhicule. En Grande-Bretagne, l'*Employment Act* de 1989 dispense les sikhs de l'obligation de porter un casque de chantier, et le *Road Traffic Act* de la même année les dispense aussi du port d'un casque en roulant sur une motocyclette. En fait donc, le problème a été déplacé vers les compagnies d'assurance... ■

Différencier signe et symbole religieux

Avant de devenir religieux, les signes et les symboles ont été des éléments fondateurs de nos sociétés. Il ne faut pas croire que chaque religion est le propriétaire exclusif de ses signes et de ses symboles. En fait, les signes religieux forment un véritable patrimoine spirituel commun à l'ensemble de l'humanité, également partagé par l'ensemble des croyances. Ni la croix ni le poisson ne sont d'essence exclusivement chrétienne, la circoncision n'est pas réservée aux juifs, pas plus que la barbe aux musulmans. Le voile a traversé les religions, comme l'étoile, l'œil ou la main.

Il n'existe pas de société sans signes, et dès qu'il y a société, tout usage profane se trouve naturellement converti en signe et le plus souvent en signe religieux. Ainsi, l'œil tatoué sur le front des forgerons pour signaler leur maîtrise du feu et l'appartenance à leur confrérie. Cet œil, indiquant d'abord le précieux savoir des techniques du feu, a ensuite symbolisé la connaissance universelle et s'est progressivement étendu à la plupart des religions. L'usage d'un signe est donc devenu un signe lui-même.

En fait les signes sont à l'origine des relations inégales de l'homme avec la nature. L'homme cherchant à lire ces signes que le ciel lui envoyait pour tenter de savoir si le soleil allait à nouveau se lever, si les champs seraient fertiles, si la vie continuerait après l'hiver. Puis l'homme s'est approprié ces signes pour tenter d'influer sur le cours de la nature, pour appeler la pluie, changer son destin et atteindre l'immortalité. Enfin, l'homme est devenu son propre signe et, en se perfectionnant, en tentant d'achever l'œuvre divine, il espère atteindre la sainteté qui lui apportera immanquablement le bonheur sur terre et la garantie d'une vie éternellement heureuse dans l'autre monde.

Contrairement à nombre d'idées reçues, ces signes sont censés rapprocher les hommes et non les éloigner. Un signe ne peut donc être un instrument d'exclusion mais au contraire la preuve qu'il existe une communauté de pensée illustrée par une communauté de signes. Il nous faut donc distinguer symbole religieux et signe religieux.

Le symbole religieux (croix, étoile, poisson, perle, œil ou main) est arbitraire. Autrement dit, il ne relève pas d'une essence divine créatrice de sainteté, mais il est l'expression d'une préoccupation humaine. Le symbole religieux signale donc une appartenance à une communauté de pensée. Son effet se limite à ce signalement. Le symbole, inoffensif au regard de la cohésion sociale de l'entreprise, ne devrait en aucun cas poser de difficultés dans le monde du travail ou d'ailleurs dans toute autre sphère de notre société, tant que cette symbolique n'est pas porteuse elle-même d'une volonté d'exclusion de l'autre. Dans ce cas, le symbole deviendrait lui-même discriminatoire et devrait être effacé.

Le signe religieux, par contre, est par essence issu d'une volonté divine. Circoncision, barbe, voile, loi alimentaire, le signe trouve sa source dans la parole de dieu et souvent dans les textes saints. Il ne se contente pas de signaler une fidélité de foi ou l'appartenance à une communauté de pensée, il est, par sa nature même, fondateur d'un monde nouveau. Si le symbole se limite à exprimer l'appartenance à un système de pensée ou à indiquer un espace sacralisé, le signe religieux a vocation à transformer le monde qui l'entoure. Il veut organiser le chaos du monde et dans le respect le plus stricte des lois religieuses, permettre la venue d'une ère d'absolue.

60

Mourad L., agent d'entretien d'une piscine municipale en Seine-Saint-Denis (région parisienne) a été licencié pour avoir refusé de tailler sa barbe[1]. Le maire de cette ville a expliqué que la notice du masque de protection qui doit être porté pour manipuler notamment le chlore stipule que : *« le port du masque est incompatible avec une barbe fournie »*. Il a également ajouté : *« l'expression extérieure d'une conviction religieuse ne peut être tolérée dans une piscine municipale ouverte à tous publics »*.

Le Tribunal administratif de Cergy, dans le Val d'Oise, a rejeté le recours en suspension de Mourad L. invoquant le *« principe de laïcité »*. Le tribunal a en effet considéré que *« si les agents du service public bénéficient de leur liberté de conscience... le principe de laïcité fait obstacle à ce qu'ils disposent, dans le cadre du service public, du droit de manifester leurs croyances religieuses »*. Pour le tribunal, *« le fait, pour un agent public, de manifester dans l'exercice de ses fonctions ses croyances religieuses, notamment en portant un signe destiné à marquer son appartenance à une religion, constitue un manquement à ses obligations »*. ∎

Le signe religieux exige que le monde tourne autour de lui

Le signe religieux donne un sens au monde, différent de la proposition faite par la société profane, et veut apporter une réponse définitive et indiscutable à ses mystères. Nous pouvons donc penser que si le symbole religieux demeure à la porte du monde profane sans avoir vocation à le transformer, le signe religieux planté au cœur de ce monde profane a vocation à le rendre saint et donc purifié de tout péché. C'est en fait la répétition de l'*axis mundi*. Cet axe autour duquel le monde est supposé tourner, représenté au temps de Nabuchodonosor par la fameuse tour de Babel, symbolisé dans le jardin de la Création par l'Arbre de Vie, lui-même représenté plus tard par la croix. Un signe religieux exige que le monde tourne autour de lui, comme notre galaxie autour du soleil. Il existe donc là une zone de

---

1. Le 28 mai 2004.

conflit évident entre la neutralité du monde du travail, préoccupé principalement par l'intérêt collectif de l'entreprise, de ses salariés et de ses éventuels actionnaires, et un monde tournant autour du salut individuel et de l'accès à la vie éternelle.

De la difficulté d'évincer le signe

Néanmoins, si les signes religieux sont partagés par l'ensemble des croyances, leurs significations évoluent sans cesse pour s'adapter à leur environnement historique, géographique ou politique. C'est sans doute pour cette raison que l'interdiction d'un signe n'a jamais réussi. Un signe ne disparaît jamais. Tel le mot d'une langue, il voyage d'une civilisation à l'autre, sans jamais perdre ni ses racines ni sa signification première.

Nous pouvons donc nous poser la question de la permanence des signes. Sont-ils l'expression d'une pensée religieuse unique ou portent-ils en eux les fondements même des religions ? Le port d'un foulard à la Grace Kelly véhiculerait-il, sans que l'on s'en rende compte, les mêmes valeurs religieuses que le foulard préconisé par saint Paul de Tarse et aujourd'hui porté par certaines musulmanes ? Celui d'une barbe perpétuerait-il l'aspect solaire d'un homme et sa place privilégiée dans le cosmos, alors que se raser la tête équivaudrait à prêter allégeance aux cultes de la lune et au rôle magique de la fertilité des femmes ? Se boucler les cheveux peut faire d'une femme une prostituée sacrée d'Ishtar, se raser la tête correspondre à un rituel de fertilité et donc d'immortalité, porter du blanc pour obéir aux conseils de pureté de Salomon. Même le port de boucles d'oreilles – organes de la fécondation virginale de Marie par la parole divine –, le maquillage permanent des lèvres – garantissant la fertilité des couples par le vecteur du verbe –, ou la teinture rouge des cheveux – reflétant la source de vie portée par le sang –, répondent à des impulsions d'origines religieuses.

Le monde du travail se trouve donc face à une réalité qui rend l'interdiction de signes religieux aussi difficile qu'arbitraire. Tout simplement parce que notre société est structurée autour de signes religieux. Alors qui peut faire la distinction entre un signe acceptable et un signe intolérable ? Pouvons-nous exclure un signe sur la base d'une intention spirituelle et en tolérer un autre sous prétexte qu'il soit tendance, ou simplement esthétique ?

Si le port d'un signe ne résidait que dans son interprétation, qui aurait le droit de juger l'intention et qui aurait l'autorité de privilégier un signe sur un autre ? Interdire un signe ou un symbole religieux tient donc du casse-tête chinois.

Retenons néanmoins que si certains signes n'ont vocation qu'à perfectionner leur porteur sans pour autant sacraliser leur environnement, d'autres signes religieux ont vocation à modifier leur environnement, y compris donc l'espace de personnes étrangères aux spiritualités concernées, qui s'y trouvent converties sans le vouloir et sans même s'en rendre compte. La mission d'un signe religieux étant de rendre le monde qui l'entoure, saint et conforme aux exigences divines, toute personne se soumettant, même sans en avoir conscience, aux règles imposées par un signe religieux, participe involontairement au grand plan divin. Des journalistes occidentales, revendiquant habituellement l'égalité homme-femme, qui se soumettent à la tenue vestimentaire prescrite par les autorités religieuses lors d'un reportage télévisé en Iran, ou en Arabie Saoudite, participent aussi involontairement à la mission prosélyte des signes religieux.

Non seulement les signes religieux produisent un effet de signalisation, mais ils élaborent un code de comportement. Le voile devenu signe religieux tente d'imposer un comportement aux femmes voilées, mais aussi aux hommes et aux femmes qui le voient. Femme voilée = femme pure = femme interdite, pourrait être un premier message exprimé par le port d'un voile. D'autres pourraient d'ailleurs traduire ce langage des signes de façon tout à fait contraire, soit : femme voilée = femme féconde = femme séduisante, puisque le port du voile n'est généralement réservé qu'aux femmes en âge de procréer.

Si l'entreprise n'est certainement pas le lieu d'un débat théologique sur la pertinence de tel ou tel rituel, elle doit néanmoins prendre en compte les convictions religieuses de ses salariés pour mieux s'organiser. La gestion de la culture religieuse dans le monde du travail passe donc d'abord par une meilleure lecture des signes et une meilleure compréhension de ceux qui les portent.

Jean-Arnold de Clermont, président de la Fédération protestante de France considère que « *le monde de l'entreprise n'a pas à être distingué de la société civile dans laquelle elle vit. Aussi, je serais choqué de voir s'y instaurer des règles d'exclusion des signes et symboles religieux (eux-mêmes difficiles à caractériser). Toutefois, je comprendrais très bien que, pour des questions tenant à la sécurité des personnes et à l'hygiène, des restrictions soient demandées.* »

Une question d'interprétation ?

Comprendre les signes religieux, c'est apprendre à mieux connaître l'autre. C'est aussi savoir discerner le signe du symbole et prendre la mesure de l'immense difficulté d'un jugement tout relatif sur ce sujet. Puisque la plupart des usages considérés comme profanes sont d'essence religieuse, comme les dreadlocks hérités des divinités solaires, ou encore les ceintures sacralisées par le culte des dieux lieurs, ce ne serait donc que l'intention qui compterait. Comment faire la différence entre un carré Hermès et le foulard d'une femme musulmane décidée à respecter les sourates du Coran ? Comment distinguer un homme qui se rase la tête d'un autre qui pratique la tonsure ? Comment deviner si une personne portant un poisson annonce son signe zodiacal ou sa foi dans le Christ ? Comment mieux lire les signes et les symboles religieux ? Comment tracer la frontière entre l'expression d'une foi personnelle et l'ingérence de cette foi dans le fonctionnement de l'entreprise ?

La Cour européenne des Droits de l'homme a estimé dans ses décisions conformément à l'esprit des textes, que si la liberté religieuse relevait d'abord du fort intérieur, elle impliquait de surcroît notamment la liberté de manifester sa religion.

L'entreprise ne peut imposer ou interdire une tenue particulière sauf si les conditions d'hygiène et de sécurité l'exigent. Une tenue vestimentaire ne peut donc être imposée que si le salarié en a vraiment besoin dans l'exercice de son travail. Une jurisprudence du Conseil d'État datant de 1992 a annulé un règlement intérieur[1] au motif de la généralité de ses termes qui, interdisant le port de tout signe distinctif, d'ordre religieux, politique ou philosophique introduisait une interdiction générale et absolue considérée alors illicite. Inversement, imposer à ses salariés le port d'une blouse blanche ou d'un tchador est donc tout à fait illégal, comme d'imposer la jupe pour les femmes ou la cravate pour les hommes.

Origines et sens des signes et symboles les plus familiers

Notre société s'est donc construite autour de signes et de symboles. Ils sont l'alphabet de nos religions, le rite écrit de nos croyances, et qu'on l'accepte ou pas, les signes religieux restent le talisman individuel des postulats législatifs profanes. Ne pas les reconnaître, c'est risquer de renier la conscience instinctive qui transporte les idées et les valeurs de l'humanité à travers le temps. Nous proposons ici de passer en revue quelques-uns des signes et des symboles religieux les plus répandus afin d'aider les responsables d'entreprise et les salariés

---

1. Conseil d'État, 2 novembre 1992, *RFD adm.*, 1993, p. 112-113.

eux-mêmes à mieux comprendre l'aspect universel d'une culture religieuse et à se dégager d'une vision trop souvent identitaire. Ces éléments n'ont pas la prétention d'apporter de réponses indiscutables, comme d'ailleurs rien en ce qui concerne le débat théologique, mais participent à la réflexion que nous menons sur la liberté de culte dans le monde du travail.

Des signes et des symboles apparaissent à l'évidence d'ordre religieux, mais d'autres, comme la colombe, le coq, l'agneau, le croissant de lune ou l'étoile peuvent être perçus comme profanes alors qu'ils revêtent des significations spirituelles fortes, toujours présentes dans notre compréhension du message signalé. En fait, nous ne pouvons pas négliger le fait que les signes, même dépossédés de leur spiritualité, continuent de véhiculer, parfois à notre insu, leur sens et leur message originels. Pour montrer la difficulté, si ce n'est l'impossibilité, de distinguer un signe d'une superstition, ou tout simplement d'une coquetterie, essayons de regarder quelques signes avec un regard libéré du poids religieux en faisant une distinction entre signes religieux évidents et signes religieux cachés[1]. Les voiles font l'objet d'un chapitre à part entière puisqu'ils traversent les religions et prenant récemment la dimension d'un signe religieux, soulèvent des questions liées au fondement même de notre démocratie comme l'égalité entre les femmes et les hommes, élément inaliénable du monde de l'entreprise.

Des signes évidents

La barbe, un héritage religieux à part entière

Quelle différence entre la barbe à vocation séduisante sans vocation spirituelle de l'ex-James Bond, Sean Connery et celle traditionnellement musulmane de Tariq Ramadan ? L'intention religieuse du

---

1. Patrick Banon, *Signes et symboles religieux*, Flammarion, 2005.

second, pourrait-on répondre. Mais dans le cadre d'une entreprise, qui peut juger de l'intention intime d'une personne ? Existe-t-il des barbes qui soient plus acceptables que d'autres ? En fait, il existe des barbes ostentatoires, c'est-à-dire des systèmes pileux ostensiblement développés pour faire avant tout remarquer leur présence. Pourtant, aucun commandement religieux juif ou musulman n'impose de laisser sa barbe pousser sans contrôle, bien au contraire. Dans le cadre d'une entreprise donc, il n'y aurait aucune volonté discriminatoire à exiger que la barbe, comme les cheveux, soit taillée.

Dans le judaïsme, ce n'est pas la barbe qui est imposée, mais plus clairement l'interdiction d'en raser les bords comme prescrit dans le Lévitique[1]. Cette injonction biblique interdit en fait le contact entre une lame et la peau, ce qui n'exclut donc pas d'autres systèmes de rasage plus compatibles avec le commandement en question, comme les rasoirs électriques, les tondeuses et les ciseaux. Même si de nombreux juifs pratiquants veulent considérer le port de la barbe comme une obligation, en fait, comme c'est le cas pour la plupart des signes religieux, le port de la barbe était d'abord une coutume profane largement répandue au Proche-Orient. Le port d'une barbe signalait la paternité alors que le terme imberbe désignait un eunuque. Dans l'ancien Israël, une classe de notables occupait le haut de la pyramide sociale ; c'est parmi ces *zeqénîms* ou Barbus qu'étaient recrutés les serviteurs du roi, en fait des ministres et des hauts fonctionnaires. La barbe étant alors le symbole d'une classe sociale, tout comme le voile était réservé dans l'Empire perse aux femmes de la cour du roi. Rappelons simplement que dans la pratique biblique c'est seulement en cas de deuil et pour une période de sept jours après la cérémonie funéraire que la barbe ne doit pas être taillée, ni les cheveux coupés[2].

---

1. « *Vous ne tondrez pas en rond le bord de votre tête, et tu ne supprimeras pas le bord de ta barbe.* » (Lévitique 19, 27).
2. Ces dispositions sont des usages issus – comme l'usage de déchirer ses vêtements en cas de deuil – de la *halakha* (jurisprudence rabbinique).

L'islam est aussi très clair en matière de barbe. Si le prophète Mohamed incite les musulmans à porter la barbe, signe de prestige mais en aucun cas signe sacré, il conseille dans le Coran de la tailler si « *elle [les] empêche de boire du petit-lait* ». Sheikh Alî Jâd Al-Haqq (1917-1996), ancien mufti d'Égypte et Grand Imam d'Al-Hazar, répondait ainsi à la question du port de la barbe dans l'islam : « *La tradition du Prophète consiste à laisser pousser sa barbe et à ne pas la raser. Il la taillait, la réduisait à ses extrémités et en sa partie supérieure, de façon à lui donner une apparence harmonieuse avec les traits du visage et l'allure générale. Le Prophète soignait sa barbe en la lavant à l'eau et en la peignant, tradition que les Compagnons perpétuèrent après lui.* » Le Grand Imam ajoutait : « *De nombreux commentateurs affirment qu'il s'agit seulement d'une recommandation dont l'accomplissement appelle une rétribution mais dont l'abandon n'a pas valeur de péché. Il n'existe aucune preuve à l'appui de ceux qui soutiennent le caractère illicite ou détestable du rasage de la barbe...* »[1]

L'usage de certaines pratiques, même si elles ne sont pas issues de commandements divins, exprime néanmoins pour certains le symbole de la survivance de leur religion, notamment face à ce qui leur apparaît être la domination de la civilisation occidentale.

L'obsession de cette tendance néo-fondamentaliste est de tracer la ligne rouge entre la vraie religion *(din)* et l'impiété *(kufr)*, ligne qui passe à l'intérieur même de la communauté musulmane[2]. Porter une barbe ostentatoire, par exemple, exprime le refus de tout compromis religieux mais aussi culturel notamment avec la culture occidentale. Là encore, comme dans toutes les religions, il s'agit de construire un code du pur et de l'impur, donc du licite et de l'illicite, exprimé par la façon de tailler sa barbe et sa moustache (ou de ne pas la tailler),

---

1. In *Buhûth wa Fatâwâ Islâmiyyah Fî Qadâyâ Mu`âsirah*, études et fatwas sur des questions contemporaines, dont quatre volumes ont été édités, comprenant les fatwas que le Sheikh Alî Jâd Al-Haqq a données en tant que Grand Imam d'Al-Azhar.
2. Olivier Roy, « L'islam au pied de la lettre », *Le Monde Diplomatique*, avril 2002.

ou même dans la manière de se brosser les dents. Ce *néofondamenta-lisme* a tendance à interdire l'utilisation de cartes bancaires, à inciter les jeunes filles à ne pas se rendre en cours de gymnastique, à se voiler et les musulmans à ne pas serrer la main aux femmes.

Faire la différence entre ceux qui ont simplement le désir de pratiquer leur religion et ceux qui utilisent leur religion pour se séparer de la collectivité, est essentiel dans la gestion des cultures religieuses qui cohabitent dans une entreprise. La politique d'exclusion, dans un sens ou dans l'autre, n'y est certainement pas acceptable.

Les croix, entre signe religieux et symbole de religion

La croix est-elle un signe religieux ? Sans vouloir faire une réponse de Jésuite, oui et non. En fait, le crucifix, c'est-à-dire la croix représentant le Christ, est un symbole religieux – puisqu'il émane d'une volonté humaine – alors que la simple croix, obéissant à un commandement divin, est un signe religieux. Le crucifix exprime l'appartenance à une communauté de pensée, alors que la croix universelle est issue d'une prescription biblique. Comment en sommes-nous arrivés là ?

Simplement parce que la croix, pourtant aujourd'hui reconnue comme signe évident d'appartenance à l'église chrétienne, précède le christianisme d'une quinzaine de siècles. C'est lors de l'ultime plaie d'Égypte, la mort des premiers-nés égyptiens, que l'on peut découvrir les traces des premières croix et du signe de Dieu. Les Hébreux, en effet, pour éviter que l'Ange de la mort ne s'en prenne à leurs premiers-nés, reçurent l'ordre de marquer d'une croix de sang d'agneau les portes de leurs maisons. Cette croix de sang était également tracée à l'entrée des tentes des tribus sémitiques nomades afin d'éloigner les démons. D'autre part, la Bible nous apprend que les prophètes sont reconnaissables à une marque sur le front (Rois 20, 38) ; ce qui est confirmé par Ezéchiel (9, 4) qui précise que les Justes sont marqués par l'ange d'une croix sur le front. Une croix que juifs puis chrétiens n'hésitaient parfois pas à se reproduire sur le front ou à graver sur leurs tombes.

Mais alors d'où vient cette croix si, à l'origine, elle ne représente pas le gibet du Christ ? Tout simplement de la lettre *Tav*. La vingt-deuxième lettre de l'alphabet hébreu qui signifie « marque » ou « signe », est aussi le symbole de la création. Le symbole, d'abord un X, se redressera à travers la lettre grecque *Tau*, représenté par une croix plus haute jusqu'à se transformer en notre T actuel. Nous retrouvons ce signe de croix dans le rituel chrétien du baptême, tracé symboliquement sur le front des nouveau-nés. Porter le signe de Dieu obéit désormais aussi à des passages des Évangiles : « *Celui qui ne porte pas sa croix… ne peut être mon disciple… * » (Luc, 14, 27).

L'instrument du supplice de Jésus fut réhabilité au IVe siècle par Constantin le Grand, le transformant en un signe de victoire après la bataille du pont Milvius, qui lui donna les clés de l'empire romain. Le crucifix, ainsi que la représentation de la Passion du Christ, ne se développera qu'entre le VIe et le VIIIe siècle, ne devenant alors un symbole unificateur de la chrétienté qu'après la victoire de Charles Martel à Poitiers.

Paradoxalement donc, le port d'une simple croix intéresse l'ensemble des religions, y compris celles de l'Inde, alors que le crucifix, sous ses différentes formes, ne concerne que les fidèles des Églises catholique et orthodoxe.

La kippa, signe de judaïté ou héritage culturel ?

« Quand on reproche à un juif de respecter telle ou telle règle du judaïsme parce qu'on est en République, c'est une aberration. Est-ce que j'enlève quelque chose à quelqu'un si je mets la kippa, si je mange kasher, si je ne travaille pas le samedi ? », a déclaré Joseph Sitruk, le Grand Rabbin de France, lors de son audition par la commission Stasi sur la laïcité[1].

Le port de la kippa ne répond à aucune « *volonté ostentatoire* », a assuré Joseph Sitruk. « *La kippa est devenue un rite auquel les jeunes juifs croyants sont attachés… Le port de la kippa ne se limiterait pas au culte… Un croyant devrait la porter en permanence* », a-t-il ajouté. Le Grand Rabbin a néanmoins précisé la retirer lorsqu'il met son bulletin de vote dans l'urne, « *Par respect pour la République.* »

Cela signifie-t-il qu'à certains moments de la vie le respect de la République est supérieur à l'accomplissement d'un acte de piété, ou qu'en fait certains rites ne sont pas spirituellement essentiels ? En fait, la kippa est l'exemple même d'un symbole culturel perçu, à tort, comme un signe religieux. Dans le Talmud, le port d'une kippa apparaît comme un simple acte de piété, supposé rappeler en permanence que Dieu est l'Autorité suprême. Se couvrir la tête n'est pas inspiré par une loi religieuse. À l'origine, seuls les prêtres, durant l'accomplissement des rituels de purification, étaient supposés « *ne pas faire quatre pas sans avoir la tête couverte* » (Exode 28, 4). Aux temps du Temple de Jérusalem, seuls les hauts dignitaires se couvraient la tête pour prier. Pendant des siècles, cet usage ne fut pas estimé nécessaire au peuple.

C'est d'abord en terres musulmanes puis dans l'Europe chrétienne que les juifs prirent l'habitude de se couvrir la tête. En 849, dans un objectif de ségrégation en Orient, les musulmans imposèrent aux juifs le port d'un turban jaune. En 1215, afin de pouvoir séparer les juifs de la population catholique, certains types de couvre-chefs leur furent imposés en Europe, tel le chapeau noir à large bord. Les juifs y étaient aussi obligés de se vêtir de façon reconnaissable, généralement de manteaux jaunes (couleur qui, depuis, symbolisera un juif ou même Judas dans la peinture européenne). Ce n'est qu'en 1791, avec la révolution, que les juifs eurent le droit de se vêtir librement.

---

1. L'audition du Grand Rabbin de France s'est déroulée le 14 novembre 2003. Le rapport de la commission a été remis au chef de l'État le 10 décembre 2003.

En Orient, les hommes abandonnèrent petit à petit l'obligatoire turban et en Europe de l'Est, le chapeau, au profit d'une kippa. Porter un couvre-chef prend alors l'envergure d'une obligation, en souvenir des temps où cela leur était imposé.

Cette coutume n'a certainement pas la rigueur d'un commandement. Elle renvoie d'abord à l'usage au Proche-Orient ancien que les hommes éduqués se couvrent la tête, une marque d'humilité devant Dieu, usage que l'on retrouve aussi chez les musulmans, les cardinaux et même le Pape. Dans la pensée biblique, travailler est une prescription supérieure à l'usage de se couvrir la tête.

L'étoile de David, symbole religieux ou politique ?

Le port du *magen* David n'obéit pas à un commandement biblique. L'étoile, dite de David, n'a aucune vertu *sacralisante*, n'a jamais été un symbole religieux, mais est pourtant considérée par certains comme un signe religieux à part entière. Dans l'Antiquité, ce symbole ne portait aucune spécificité juive. Néanmoins, l'étoile, dans la tradition hébraïque, représente à la fois la chance et la destinée. Chaque homme naît sous le signe d'une étoile qui fait de lui un être unique. Rattaché à la religion juive, il apparaît au VIIe siècle avant l'ère chrétienne sur un sceau trouvé dans la cité phénicienne de Sidon. Cette étoile à six branches orne au IIIe siècle la synagogue de Capharnaüm, pour ne réapparaître que vers le XIVe siècle dans quelques synagogues allemandes. L'étoile à six branches ne prend d'ailleurs son nom de *magen*, c'est-à-dire bouclier, que dans un texte kabbalistique du XIVe siècle. Ce n'est qu'au XIXe siècle que le *magen* David commence à être porté par les juifs comme un signe d'identification équivalent à la croix des chrétiens. Au début du XXe siècle, l'étoile de David devient un élément essentiel de la pensée juive. Le *magen* David, emblème du sionisme dès 1897 (mouvement politique non religieux), est plus tard imposé aux juifs par les nazis sous la forme de la tragiquement célèbre étoile jaune. Interdire le port de ce symbole plus historique et politique que religieux reviendrait donc à interdire aussi tous les signes inspirés par les mouvements paci-fistes, écologiques, ou plus récemment la couleur orange des démocra-tes ukrainiens, les œillets portugais ou encore les sphinx, barques et autres symboles de vie dévoilés par la récente égyptomania.

La main, protection divine

Qui n'est pas revenu de vacances du Maroc, de Tunisie ou d'Algérie, avec en guise de souvenir un bijou en forme de main ? Ce symbole à l'exotisme farouche est en fait aussi universel que le mythe de Pro-méthée. Il ne viendrait à l'idée de personne d'exiger que ce bijou soit ôté ou dissimulé. Pourtant, le symbole de la main, comme celui de l'œil, est présent dans toutes les religions. Porter une main n'est pas obligatoirement le signal de l'adhésion à un système de pensée, pour-tant la main est un signe religieux par excellence.

Dans le culte du dieu solaire égyptien Aton, instauré au XIVe siècle avant l'ère chrétienne par le pharaon Aménophis IV, les rayons du soleil se prolongent par des mains porteuses de vie. C'est une symbo-lique semblable que l'on retrouve dans la main divine jaillissant du ciel entourée de rayons lumineux de l'art chrétien. Le port d'un bijou en forme de main reste commun à de nombreuses cultures, et notamment aux religions juives et musulmanes. Le signe appelé *main de Fatima*, fait référence à la fille de Mahomet et de Khadîdja, épouse d'Ali. Fatima apporte à travers ce symbole sa protection à ses fidèles et rappelle par ses cinq doigts les cinq piliers de l'islam. Pour les juifs, cette main protectrice serait celle d'Esther, épouse juive du roi des Perses, Assuérus (la légende d'Esther se situe vers - 486 sous le règne de Xerxès Ier). Esther aurait miraculeusement réussi à sauver son peuple du génocide fixé au début du mois de mars par le grand vizir Aman, pendu en châtiment de ses instigations. Main de Fatima et main d'Esther, main ouverte ou fermée de Banddha, main voilée du christianisme byzantin, il semble qu'il s'agisse bien, quelle que soit la croyance, de la main de Dieu.

Le turban, entre culture et spiritualité

Avec vingt millions d'adeptes, le sikhisme est la cinquième religion du monde. Harmonisation de l'hindouisme et de l'islam, ce mouvement religieux naît au début du XVIe siècle au Panjâb, une région couvrant le nord-ouest de l'Inde et le Pakistan d'aujourd'hui. Le sikhisme marquera aussi la naissance d'une véritable puissance militaire composée de redoutables guerriers, à travers l'ordre martial du *Khalsa*, organisation de la pureté dont les membres sont prêts à sacrifier leur vie pour respecter leur foi. Ferveur qui a pu faire oublier un temps que le sikhisme est une religion monothéiste à vocation universelle, qui a aboli le système de castes, et refuse les idoles et les superstitions.

Le symbole de dignité et d'appartenance au *Khalsa* est le port du *dastar,* le turban sikh. Les cinq K sont avec le turban les signes de fidélité au sikhisme : *Kesh*, la barbe et les cheveux qu'il ne faut pas couper ; *Kanghâ*, un peigne en bois ; *Kirpân*, un poignard ; *Karâ*, un bracelet en métal ; et *Kaccha*, un pantalon court.

La question demeure de comprendre ce qu'il advient du port du *kirpân*. Ce poignard à symbolique religieuse reste revendiqué par des Sikhs, notamment en Grande-Bretagne où, le *Department for Education and Skills and Home Office : School Security-Dealing with trouble makers* a proposé en 1997 que le port d'un *kirpân* à l'école soit sécurisé au moyen d'un étui protégé !

Le 17 mai 2002, la décision de la Cour supérieure du Québec a établi un précédent légal pour toutes les écoles de la province. Un écolier sikh a été autorisé à porter son *kirpân* d'une longueur d'une dizaine de centimètres, mais celui-ci devra être placé dans un fourreau en bois enveloppé dans un tissu cousu ; et en outre être porté sous les vêtements de l'élève. La problématique du port de ce poignard sacré se trouve limitée dans le monde du travail par la faible taille en France de la communauté sikh (environ 10 000 personnes). Si la République a la mission de traiter équitablement chaque indi-

74

vidu quelles que soient ses origines et ses croyances, il demeure néanmoins que le port d'arme est interdit en France. Il reste à se demander si les Dijambaras des Indes, ces millions de *vêtus du ciel* qui refusent de porter de vêtements pour des raisons religieuses, seraient autorisés à afficher leur nudité dans les rues de Paris…

Des signes cachés

Les dreadlocks, une mode millénaire

Généralement dissimulées sous un bonnet, ces longues nattes obéissent en fait à des prescriptions religieuses. Cette coiffure tendance des Rastas, qui a séduit quelques stars, de Bob Marley à Bo Derek, est bien le signe d'une philosophie religieuse millénariste, celle des Rastafariens de Jamaïque. Lorsque le prince, ou *ras*, Tafarie (qui donnera *ras*-tafarien) est couronné empereur d'Abyssinie (actuelle Éthiopie) en 1930, sous le nom d'Hailé Sélassié, naît un mouvement politico-religieux au cœur duquel se trouvait l'identification de l'Éthiopie comme terre promise des Afro-Jamaïcains. Le port des dreadlocks fait partie des rites d'appartenances à cette croyance, et n'est pas sans rappeler les rites de consécration des Hébreux et les nattes dont Samson tirait sa force légendaire. En fait, les nattes de Samson étaient l'expression rituelle du *naziréat*, une forme de consécration à Dieu, qui imposait notamment de ne pas couper ses cheveux, interdisait d'être au contact d'un cadavre, et de boire de l'alcool.

Souvenons-nous que Samson perdit sa force extraordinaire quand Dalila rasa ses cheveux. En fait, ce héros, ne respectant plus ses vœux de pureté, perdit sa force en perdant sa foi. Il ne faut donc pas sous estimer l'importance des chevelures dans les mythes religieux.

Une entreprise tentée de dissuader ses salariés de porter des signes religieux devrait donc par souci d'équité et de non-discrimination être préparée à interdire aussi les dreadlocks, même si cette coiffure était portée uniquement pour des raisons esthétiques.

La perle, entre fertilité et résurrection

L'exemple de la perle donne toute la dimension de l'approximation des relations entre la pensée laïque et les pensées religieuses. La perle est devenue un signe religieux pour celui qui la perçoit en tant que tel. Elle se comprend comme un signe religieux qui, en s'universalisant, s'est dépouillé progressivement de sa signification religieuse. Car les signes peuvent aussi être victimes de leur succès.

Au néolithique, les hommes, essayant de maîtriser leur environnement, ont modifié les formes géométriques dont ils ornaient généralement leurs parures, y introduisant des perles. Elles étaient un élément métaphysique, en raison de leur similarité avec le cercle parfait des habitations nomades à symbolique cosmique. Plus tard, dans les hiéroglyphes égyptiens, le signe du cercle schématisera le placenta. Chez les Grecs déjà, la perle était symbole d'amour et de mariage. Il est donc naturel qu'Aphrodite soit aussi appelée la « Dame aux perles ».

« Ceux qui portent et possèdent la perle vivent et gouvernent avec le Christ pour toute l'éternité... », annonce l'homélie XXIII, 1 de saint Macaire[1]. Dans la pensée chrétienne, la perle revêt donc une signification religieuse de première importance. *«... À tous ceux qui l'ont reçue, elle donne le pouvoir de devenir un enfant de Dieu... »*, souligne Jean (I, 12). La perle représente à elle seule à la fois l'Immaculée Conception et le Christ en tant que Sauveur. Elle contient aussi, selon saint Ephrem, le mystère du baptême : tirée de la mer, elle est amenée à la lumière, tel un baptisé plongé dans l'eau en ressort purifié.

Le coquillage partage avec la perle une spiritualité animée par les préoccupations religieuses de fertilité, de renaissance perpétuelle et de résurrection. Sans être un jacquet[2], le port d'un collier de coquillages peut donc exprimer une dimension religieuse.

---

1. Saint Macaire, *Les homélies spirituelles*, éditions de l'abbaye de Bellefontaine, 1984.
2. Pèlerin de Compostelle.

Le piercing, nœud de métal

L'univers était considéré par les anciens comme une immense pièce d'étoffe constituée de milliers de fils. Ces fils sont la représentation de nos destinées. Les trois Parques ne déroulaient-elles pas notre vie, coupant le fil au moment venu ? Pour modifier notre destin, pour détourner l'influence des démons sur notre existence, il suffirait donc de faire des nœuds. Pour éloigner la maladie, retarder un accouchement, se débarrasser d'un ennemi, s'est développé le culte des dieux lieurs. Toutes nos divinités sont à un moment ou un autre de leur éternité des dieux lieurs, utilisant des filets ou des cordes pour exprimer leur pouvoir. La tradition des nœuds s'est perpétuée à travers une véritable science magique que l'on retrouve dans les nœuds rouges des barbes de bédouins, les tresses des jeunes filles, les ceintures ou encore le piercing.

Cette mode a, depuis quelques années, déplacé l'espace percé, de l'oreille ou du nez, au nombril, aux lèvres, au front ou encore au sexe. L'anneau fait donc office d'un nœud de métal destiné à modifier le flux vital d'une personne. Le choix de l'endroit percé est bien l'écho d'une pratique religieuse ancienne destinée à influer sur le déroulement de sa vie.

Le poisson, symbole de vie

Signe zodiacal, code secret de reconnaissance des premiers chrétiens, le poisson est, comme la main, un signe mieux accepté qu'une croix ou un *magen* David. D'abord parce que sa symbolique a été diluée dans de nombreuses croyances, ensuite parce qu'il est un des représentants le plus évident du métissage spirituel qui anime la plupart des religions.

Le poisson revêt pourtant une signification spirituelle qui n'est pas réductible au simple symbole. Car le poisson qui symbolise la résurrection, nous mène au véritable signe religieux qui l'enveloppe : l'eau vive. L'eau dans la Bible devient source de vie spirituelle à laquelle l'homme n'a cessé de s'abreuver. Déjà dans la pensée juive, l'eau du déluge punit et purifie. En effet, à travers l'eau du rocher dans le désert, le peuple de Moïse trouve le salut. À travers l'eau vive du baptême, les chrétiens auront accès à la vie éternelle, et le poisson, par sa présence, garantit que l'eau en question est bien vive, donc purificatrice.

« Partout où passera le torrent… le poisson sera très abondant, car là où cette eau pénètre, elle assainit, et la vie se développe partout où va le torrent… » (Ezéchiel 47, 9). Avec l'ancre et le pêcheur, le poisson sera donc le signe de reconnaissance des premiers chrétiens. Le poisson et l'eau, l'alpha et l'oméga de la religion chrétienne, la garantie d'une vie éternelle.

La rose, élément du langage religieux

Un bouquet de roses a mille significations, et ses sens spirituels ne sont pas spontanément évidents. Pourtant, la rose, comme le lys, est un symbole religieux fort. Choisir d'en décrire ici les particularités, c'est simplement rappeler le degré de partialité qui existe dans l'appréhension d'un signe religieux. Si ce qui peut être un signe pour l'un n'est peut-être qu'une rose pour l'autre, qui aurait donc la connaissance et le droit de décider quel signe aurait l'autorisation de rester ou de disparaître ?

En fait, un signe pouvant en cacher un autre, rien n'empêche une personne à laquelle aurait été refusé le droit de porter une croix, d'arborer une rose à sa boutonnière. La rose rouge née de l'amour d'Aphrodite pour Adonis exprime certes la passion mais aussi la résurrection, puisqu'Adonis fut ressuscité par Zeus. Incarnation de la régénération qui inspira sans doute les couronnes de roses des empereurs romains et la cérémonie *rosalia* durant laquelle des roses étaient déposées sur les sépultures des défunts. La rose symbolise donc naturellement dans le christianisme les plaies de Jésus, et le sang versé sur la Croix. Marie est appelée Rose du Paradis, Rose mystique ou encore rose sans épines parce que née pure de tout péché originel. Les rosaces des vitraux des cathédrales allient la symbolique de résurrection au cercle incarnant la perpétuelle régénération de la vie.

La tonsure, un acte sacré

À l'heure où les Fabien Barthez[1] et autres crânes lunaires ont envahi l'espace de la *branchitude* universelle, se raser la tête a pris une dimension aussi universelle que le football. Néanmoins, cette pratique est bien à l'origine un commandement religieux et, comme pour la barbe, sa signification réside dans le regard du coiffeur. L'interdiction de la tonsure fait en effet partie des commandements garantissant aux Hébreux de demeurer séparés des peuples idolâtres qui la pratiquaient communément notamment durant les périodes de deuil. Les prêtres égyptiens avaient l'habitude de se raser le crâne ainsi que le corps tout entier, peut-être pour lutter efficacement contre les infestations de poux, mais aussi dans le cadre de rituels de purification.

Le christianisme perpétue ce rituel de consécration et de purification avec la pratique de la tonsure, qui signale le renoncement à l'amour charnel et aux biens matériels, ainsi que, d'après saint Denys dans sa *Hiérarchie ecclésiastique*, la signification d'une « *vie pure et sans formes, l'esprit retranché de toute pensée superflue[2]* ». L'expression de ce désir de pureté passe par le sacrifice des poils, et d'abord des cheveux, qui, selon les Pères de l'Église sont porteurs des maladies de l'âme.

---

1. Gardien de but de l'équipe de France, champion du monde de la coupe de football en 1998.

2. Au début du VIe siècle (paraissent plusieurs ouvrages dont *La Hiérarchie ecclésiastique, La Hiérarchie céleste, Les Noms divins et Sur la Théologie mystique*) d'un auteur du Ier siècle qui se présente comme étant saint Denys, disciple de saint Paul. L'auteur était probablement un disciple chrétien de Proclus (412-485) s'inspirant de la philosophie néoplatonicienne.

Le crâne doit donc être rasé, mais un crâne chauve n'est pas nécessairement l'observance d'un rituel religieux. Mais comment dans la fonction publique comme dans le secteur privé, faire la différence entre une coquetterie, l'effacement d'une calvitie précoce et un signe de religion ? Question qui se pose naturellement à l'ensemble du monde du travail.

Chapitre 6

Les voiles, les cultes et les droits des femmes

L'usage du voile est commun aux trois religions monothéistes. Pour comprendre, il faut d'abord chercher à mieux connaître la symbolique du voile et son évolution dans la pensée religieuse.

Au XIIᵉ siècle avant l'ère chrétienne, le roi d'Assyrie Téglath-Phalazar I exigea que la femme mariée qui sort dans la rue ait la tête couverte. La prostituée n'aura donc pas le droit de porter un voile. Il n'y avait pas alors de volonté d'exclure ou de soumettre la femme, mais simplement l'expression d'une organisation des classes sociales. D'ailleurs, à en croire les textes bibliques, ni Sara ni Rébecca, ni Rachel ou Léa, les premières femmes de la Genèse, n'étaient voilées puisque leur beauté était de notoriété publique. Ce n'est qu'au Iᵉʳ siècle que Paul demandera aux femmes de se couvrir les cheveux « *pour ne pas attirer l'attention des anges qui sont de sexe masculin*[1] ».

Certes, chez les juifs, les Grecs et les Romains, la femme couvre sa chevelure en public. Mais cette coutume ne prend une signification religieuse, de rapport à Dieu et de soumission à l'homme que dans le christianisme émergent. C'est bien Paul qui, dans le chapitre XI de la première Épître aux Corinthiens, consacre seize versets à traiter de

---

1. Épître aux Corinthiens, 1, III, 2-6.

la tenue vestimentaire des femmes dans les assemblées à vocation religieuses : « *Toute femme qui prie le chef découvert fait affront à son chef ; c'est exactement comme si elle était tondue… »*.

Le voile des musulmanes

« *Ô ! Prophète, dis à tes épouses, à tes filles, et aux femmes des croyants de se couvrir de leurs voiles, c'est pour elles un moyen de se faire connaître et de ne pas être offensées… »* (Sourate XXXIII, 59). Le voile de l'islam a pris un double sens : celui de protéger la femme sacralisée d'un regard extérieur et celui de marquer le haram, l'espace interdit qu'elle est devenue au même titre qu'un lieu de prière. Car la femme musulmane est à la fois l'intimité cachée de l'homme et l'espace du grand mystère de la vie. Espace devenu tabou une fois voilée, elle protège la part secrète de l'homme ainsi que la part secrète de la vérité divine dont elle est la détentrice.

La Cour européenne des Droits de l'homme a validé par son arrêt du 15 février 2001 l'exclusion d'une enseignante d'une école primaire publique du canton de Genève qui avait refusé de retirer son foulard. La Cour a reconnu explicitement le caractère prosélyte du port de tout « *attribut vestimentaire distinctif* », qui plus est du voile, estimant que son port résulte d'une prescription religieuse. Elle a considéré celui-ci comme étant « *difficilement conciliable avec le message de tolérance, de respect d'autrui, d'égalité et de non-discrimination que, dans une démocratie, tout enseignant doit transmettre à ses élèves* », *a fortiori* quand il s'agit de très jeunes enfants (de 4 à 8 ans), plus facilement influençables. ∎

Il existe cependant une nuance entre le voile virginal chrétien et le voile mystique musulman. Le voile musulman est *a priori* destiné aux femmes durant la période fertile de leur vie. Il est donc ici lié à la sexualité, alors que le voile chrétien serait lié à la non-sexualité, telle la maternité virginale de Marie ou le voile pris par les femmes qui font vœu de chasteté.

Dalil Boubakeur, recteur de la Grande Mosquée de Paris, a précisé durant la mission d'information parlementaire sur la laïcité à l'école[1] que, contrairement aux convictions de certaines jeunes femmes musulmanes, *« le port du voile n'est pas un des cinq piliers de l'islam »*. Cette confusion religieuse, entretenue chez les fidèles les plus radicaux et souvent les plus politisés, ne concerne d'ailleurs pas seulement l'islam. Les chrétiens ne connaissent pas mieux leur religion que les musulmans ou les juifs. En effet, si 63 % des étudiants de première année d'histoire à l'université de Montpellier, baptisés catholiques, sont capables de définir la Trinité, seuls 16 % d'entre eux peuvent expliquer la Pentecôte, contre 19 % pour les baptisés protestants.

Fouad Alaoui, secrétaire général de l'Union des organisations islamiques de France, a confirmé les explications du recteur Boubakeur : *« Non, le port du foulard n'est pas un pilier de l'islam »*, a-t-il répondu au président de l'Assemblée nationale. C'est donc le libre choix d'une musulmane de le porter ou pas. Il est aussi important de préciser qu'aucune prescription de l'islam n'interdit la mixité.

La Cour européenne des Droits de l'homme a aussi débouté en juin 2004 une étudiante turque, qui se plaignait d'avoir été exclue de l'université de médecine pour avoir porté le foulard islamique. *« Ce jugement constitue une honte pour la Turquie qui lutte pour les Droits de l'homme, les libertés et la démocratie ainsi que pour l'Europe qui donne des leçons de Droits de l'homme aux autres »*, avait alors estimé Leyla Sahin[2], affirmant que *« le voile*

---

1. Le 8 octobre 2003.
2. À l'origine de l'affaire se trouve une requête dirigée contre la République de Turquie et dont une ressortissante de cet État, Mlle Leyla Sahin, avait saisi la Commission européenne des Droits de l'homme en vertu de l'ancien article 25 de la Convention de sauvegarde des Droits de l'homme et des Libertés fondamentales.
   La requérante alléguait que l'interdiction du port du foulard islamique dans les établissements de l'enseignement supérieur constitue une violation des droits et libertés énoncés aux articles 8 (droit au respect de la vie privée et familiale), 9 (liberté de pensée, de conscience et de religion), 10 (liberté d'expression) et 14 (interdiction de la discrimination) de la Convention ainsi qu'à l'article 2 du Protocole n° 1 (droit à l'instruction).

est un symbole personnel et non politique ». La Cour avait conclu à la non-violation de l'article 9 de la Convention européenne des Droits de l'homme portant sur la liberté de pensée, de conscience et de religion et ainsi défendu le principe de laïcité comme garant des valeurs démocratiques. ■

Contrairement à la laïcisation de l'État, 70 % des Turcs désapprouvent l'interdiction du foulard dans l'exercice de fonctions publiques et en milieu universitaire. L'arrêt motivé en détails par la Cour n'a donc pas pris en considération l'opinion publique turque sur le sujet et donne une indication précieuse sur l'état d'esprit de la justice européenne dans la gestion des conflits entre laïcité et religions et des limites du principe de subsidiarité qui consacre la primauté du droit de l'Union européenne sur le droit des États membres.

Néanmoins, l'arrêt du 17 décembre 2002 de la Cour d'appel de Paris a constaté la nullité du licenciement d'une télé enquêtrice qui s'était présentée lors de son embauche avec un foulard islamique, avait été recrutée et par la suite licenciée pour avoir enfreint l'interdiction de l'employeur de porter des signes religieux. La Cour a en effet considéré que les convictions religieuses de l'employée étaient connues de l'employeur avant son embauche définitive. ■

L'Égypte confrontée au port du voile sur le lieu de travail

L'Égypte, terre de naissance de la pensée des Frères musulmans, s'est trouvée – comme en France d'ailleurs – confrontée à un véritable débat public sur le problème du port du voile. Vingt-quatre animatrices de télévision avaient en effet été interdites d'antenne pour avoir refusé de se découvrir les cheveux durant leurs émissions.

Madame Zeinab Souidane, Pdg de la télévision égyptienne, contactée par l'Agence France Presse (AFP), a affirmé que *« le règlement impose que l'animatrice apparaisse sur le petit écran exactement sous l'aspect qu'elle avait lors de l'examen d'entrée à la télévision. Dans le cas contraire, elle peut être écartée de l'antenne par exemple lorsqu'elle prend du poids et pas seulement à cause du port du voile ».*

Les animatrices concernées n'ont d'ailleurs pas été licenciées, mais affectées à des tâches administratives. De nombreuses femmes avaient déjà été mises devant le choix de renoncer au voile sur leur lieu de travail ou de démissionner de leur poste. Une fatwa aurait d'ailleurs autorisé *« pour raison de force majeure »*, des employées dans le secteur des services, à retirer leur voile sur leur lieu de travail pour le remettre en dehors de l'entreprise. ▪

Pour quelles raisons, cette décision religieuse ne pourrait-elle pas aussi être aussi appliquée au port du voile en France ? Une fois encore, l'interprétation des textes religieux, quelle que soit la religion, crée souvent dans une démocratie laïque, plus de confusion que de clarté. Ne perdons pas de vue que tous les textes saints, Ancien Testament, Évangiles, Coran et autres ne sont que des interprétations successives par les hommes de la parole divine. L'étude du Talmud, par exemple, réinterprète génération après génération l'essence de la Torah, afin que la parole divine corresponde le mieux à la problématique terrestre des hommes, la *Constitution* religieuse résidant d'abord dans les Dix commandements transmis aux Hébreux par Moïse.

De nouvelles significations

Avec l'islam contemporain, le voile, symbole culturel puis religieux, se transforme en signe religieux et revêt donc de nouvelles significations.

Le Coran n'ayant donné aucune indication quant à la forme, la taille ou la couleur du voile, celui-ci s'est adapté à de multiples réalités sociologiques. Voiles et foulards sont donc aujourd'hui différents selon les cultures, et porteurs de significations multiples selon les réalités politiques, historiques et géographiques. La couleur peut indiquer si la femme est mariée ou non. Le tissu signale la classe sociale.

* Dans le sud tunisien, le châle est bleu pour les femmes mariées et noir barré d'une bande blanche pour les vierges.

* Une ample robe noire couvre les femmes du Golfe.
* Le voile dit islamique ou *hidjab*, un foulard blanc ou noir qui couvre les cheveux, le cou et encadre le visage, n'a fait son apparition qu'au début des années soixante-dix ; c'est le *tchador* des Iraniennes qui, en Afghanistan, devint la *burqa*, un voile généralement bleu recouvrant le corps et le visage. Dans certaines régions d'Afghanistan, les femmes portent aussi un épais voile noir, le *tchadri*.
* De couleur blanche dans les pays du Maghreb, c'est en Algérie le *haïk*, le *safsari* en Tunisie.
* En Asie, les femmes musulmanes portent un grand châle drapé sur les épaules, bien différent du *purdah* en Inde, une sorte de *burqa* complétée par une grille en tissu cachant le visage de la femme.

Et de plus en plus de jeunes femmes portent un foulard et maquillent leur visage. D'autres assortissent leur foulard traditionnel à leur Levi's, et les plus mûres le remplacent par des carrés de soie, Hermès ou Dior. Mais, dans ces cas, si la séparation entre musulmane et non musulmane s'efface derrière la mode, quelle est la nouvelle signification de ce voile ? Est-ce une tentative de détourner une prescription subie plutôt que voulue ? Est-ce une volonté d'étendre le principe du voile à toute la société pour le rendre invisible, donc inefficace ou est-ce tout simplement une façon d'occidentaliser l'islam sans en perdre l'esprit ?

Un signe religieux à part entière ?

Le voile qui semble poser problème aujourd'hui est donc un voile d'inspiration iranienne. La résistance que nous pouvons constater au sein de la République, ainsi que dans la majorité des communautés musulmanes, est motivée par l'uniformisation du voile imposé aux femmes musulmanes, quelle que soit leur culture d'origine, illustration d'une internationale islamique qui n'existe que dans la pensée intégriste. En fait, la résistance que nous constatons n'est pas la résistance à un signe religieux mais bien à une arme politique. Le voile, quittant son apparence de symbole pour devenir un signe religieux, a désormais vocation à modifier son environnement pour le mettre en conformité avec les règles saintes dont il se réclame. Il est donc naturel que, dans certaines situations, puissent naître des conflits au sein de l'entreprise. Ces conflits ne sont ni l'expression d'une discrimination ou d'une islamophobie, mais bien la volonté de l'entreprise de conserver son intégrité propre, et de continuer à fonctionner selon les règles les plus adaptées à ses activités dans le respect de l'égalité entre hommes et femmes. Chacun est bien conscient que réussir à exclure l'intégrisme passe par la liberté non négociable des femmes de choisir leur destin. Au regard des commentaires de savants musulmans, il semble évident que le port du voile n'émane pas d'un commandement religieux, mais pour les uns simplement d'une prescription et pour d'autres, comme Mohamed Benelmihoub, président de la confrérie musulmane de Tidjania, d'une *« tradition vestimentaire exprimant un désir de pudeur »*. Fouad Alaoui, secrétaire général de l'Union des organisations islamiques de France, a précisé : *« Non, le port du foulard n'est pas un des cinq piliers de l'islam... Je suis pour le port du voile, à titre de liberté individuelle. La personne décide elle-même, en libre conscience, choisit ou non de le porter. Personne n'a le droit de stigmatiser les femmes, en l'occurrence musulmanes, qui décident librement de ne pas le porter. En effet, elles ne sont pas moins musulmanes que les autres*[1]. *»*

Il est aussi possible que ces positions – d'apparence sage – soient en fait motivées par la volonté de sortir le voile de son carcan religieux, incompatible avec l'interdiction des signes religieux à l'école. Si le voile n'était qu'une tenue vestimentaire d'essence culturelle et non cultuelle, il n'y aurait aucune logique à en interdire le port à l'école, ni à le remettre en question dans le monde du travail. Mais, même si

---

1. Mission d'information de l'Assemblée nationale française sur la question du port des signes religieux à l'école ; audition du 8 octobre 2003.

le voile n'était à l'origine qu'un usage, force est de constater qu'il est aujourd'hui en passe de devenir un signe religieux à part entière.

Une fois mariées, les femmes juives orthodoxes choisissent généralement de couvrir leur chevelure sans pour autant en faire un signe religieux discernable, puisqu'elles privilégient le port d'une perruque à celui d'un voile. Le signe devenu indiscernable n'a pas vocation à modifier son environnement, mais à maintenir la femme croyante dans son espace privé de sainteté. Le port du voile islamique pourrait très bien être appliqué à travers cette approche. Lors de la rentrée scolaire 2004, une fille musulmane n'a-t-elle pas rasé ses cheveux pour, d'après elle, se mettre en conformité avec ses convictions religieuses[1] ? Nous avons ici l'exemple même, en temps réel, de l'adaptation d'un signe à son environnement.

Le voile est-il un signe religieux comme les autres ?

À l'évidence, le voile n'est pas considéré avec la même intensité que les autres signes et symboles religieux. Sans doute parce qu'il crée *ipso facto*, en effaçant son image, une exclusion de la femme d'une société où l'homme se retrouverait soudain gardien du seul regard autorisé.

Contre l'égalité

En fait, le port du voile va évidemment à l'encontre de toutes les valeurs d'égalité entre l'homme et la femme des démocraties occidentales. Ne nous faisons pas d'illusions, l'inégalité entre l'homme et la femme s'est jadis exprimée aussi dans d'autres religions, de manière parfois moins visible mais tout autant tranchée. De la virginité à la chasteté en passant par la répudiation ou encore l'élaboration d'un

---

1. *Le Monde,* 1er octobre 2004.

péché d'adultère exclusivement féminin, judaïsme et christianisme ont apporté leur pierre à la lapidation du moi féminin.

Avec le port du voile, le monde du travail est à nouveau sexué, l'homme et la femme se retrouvent séparés et, par la force des choses, à nouveau inégaux, autant dans leur tâche que dans leur potentiel de carrière. Il peut sembler que notre société fasse un bond en arrière dans le temps.

« À la maternité, on voit un renforcement du port du foulard, jusqu'à la burqa, avec des gants. Beaucoup de ces femmes n'ont pas droit à la parole. L'explication avancée, c'est qu'elles ne parlent pas français. Mais c'est faux, elles sont pieds et poings liés à la volonté du mari », a déclaré Christine P., sage-femme dans le Nord de Paris.

Michel Auroy, ancien secrétaire général adjoint de Renault SA, estime pour sa part n'avoir eu aucun problème à faire retirer le voile porté par quelques femmes venues participer à un stage de préparation au recrutement : *« Nous avons vu arriver un certain nombre de jeunes femmes voilées. Nous leur avons demandé de quitter leur voile, et elles l'ont fait sans problème »*, a-t-il constaté. Reste à savoir si ces dernières ont ensuite été embauchées... ∎

Le voile dans l'entreprise risque de saper l'égalité des chances

Aujourd'hui dans nos entreprises, le port du voile ne risque-t-il pas de saper l'égalité des chances, tout en introduisant dans le monde du travail une dimension sexuée que les femmes tentent, à juste titre, d'effacer ? La jurisprudence française s'est donc attachée davantage à dénoncer une tenue vestimentaire qu'un signe religieux. Mais espérer que le problème sera résolu au cas par cas est une utopie, car convenons-en, une femme voilée peut aussi être la meilleure informaticienne de son entreprise, un homme portant une kippa le meilleur gestionnaire et une femme portant une croix, la commerciale la plus efficace.

D'ailleurs, sur ce sujet tous les États d'Europe n'ont pas la même vision :

- En **Allemagne,** la Cour constitutionnelle a statué en août 2003 que le seul fait de porter un voile ne peut justifier un licenciement, s'il ne contrevient pas au règlement intérieur de l'entreprise concernant l'hygiène et la sécurité.
- En **Autriche,** le port du voile est autorisé dans les services publics et dans le monde du travail, sauf exigence d'un uniforme ou raison de sécurité.
- Au **Danemark,** selon la jurisprudence d'avril 2002, le voile est autorisé même pour le service à la clientèle sous réserves du respect des règles de sécurité et d'hygiène de l'entreprise. Il est vrai que le Danemark a adopté en juin 1996 une loi contre la discrimination sur le marché du travail, incluant la non-discrimination pour raisons religieuses.
- En **Grande-Bretagne,** où il existe une politique active de lutte contre la discrimination raciale, religieuse ou culturelle, l'article 9, 14 de *l'Human Rights Act* autorise le port de signes religieux ou ethniques dans la fonction publique.

Certains États extra-européens à majorité musulmane, sans doute préoccupés par la progression des mouvements intégristes, n'ont pas hésité à légiférer sur le port du voile :

- En **Turquie,** la loi du 13 décembre 1934 interdit le port du voile hors des lieux de culte et des cérémonies religieuses, celle du 15 juillet 1965 l'interdit dans la fonction publique et les écoles. Une jurisprudence de 1989 a confirmé l'interdiction du port du voile dans l'espace public, dans le monde du travail et notamment dans la fonction publique.
- En **Tunisie,** le port du voile est interdit, par des circulaires ministérielles, dans l'enseignement et dans la fonction publique.
- Au **Maroc** cependant, où il n'existe aucune interdiction du voile sauf dans les forces de police et l'armée, on assiste à une *ré-*

islamisation des comportements vestimentaires, et les députées du PJD, parti islamiste, font du port du voile une priorité.

- En **Belgique,** une femme de confession musulmane qui s'était présentée à la demande du RVA (l'équivalent flamand de l'ANPE) pour un emploi social dans un atelier de couture avait fait savoir à son potentiel employeur qu'elle ne pouvait en raison de ses convictions religieuses retirer son voile. Elle avait alors refusé cette proposition d'emploi. L'employeur de son côté estimait que pour des raisons de sécurité, le port du voile était impossible dans l'atelier en question. La RVA avait alors sanctionné la jeune femme la pénalisant d'une déchéance de dix-huit semaines de ses allocations de chômage. La Cour du travail d'Anvers a annulé cette décision, jugeant que la jeune femme ne pouvait être considérée comme réfractaire et sanctionnée pour avoir refusé cet emploi. La Cour a en même temps donné raison à l'employeur d'avoir refusé l'embauche pour des raisons de sécurité. Mais, et cela est une prise de position essentielle pour la perception des cultures religieuses dans le monde du travail, la Cour a aussi jugé que les motifs religieux étaient recevables pour considérer une proposition d'emploi comme inadaptée.

La reconnaissance de ce motif religieux est-elle à double sens ? Sans doute, puisque, comme nous le verrons plus loin[1], le principe d'*entreprise de tendance* semble être intégré dans la réflexion de la Justice. C'est-à-dire d'entreprises pouvant faire valoir leurs particularités philosophiques dans le cadre de la gestion de leurs ressources humaines.

---

1. Voir chapitre 9, *Vers des entreprises tribales ?*

Chapitre 7

La guerre du temps religieux a commencé

Gérer le temps du travail n'est pas une activité anodine. En effet, celui qui contrôle le calendrier contrôle la société. Il n'est donc pas étonnant que les administrations religieuses, englobant à leur pouvoir spirituel une partie du pouvoir terrestre, aient voulu contrôler le monde du travail, donc la société, à travers l'établissement de calendriers officiels.

Au commencement fut le repos du septième jour

La culture religieuse et le temps du travail entretiennent une relation étroite, que l'on peut déjà dater du premier millénaire de notre ère. En effet, à cette époque le temps chrétien commence à se structurer avec, notamment, l'introduction de jours fériés au calendrier officiel.

Ce système d'encadrement temporel prend d'abord naturellement place dans les couvents. Le dimanche, en lieu et place du samedi, devient un jour entièrement consacré au service de Dieu. Pour déterminer les différents jours de l'année, les moines utilisent de plus en plus couramment le nom des saints et les commémorations des étapes essentielles de la vie du Christ.

En 802, Charlemagne impose à ses sujets de chômer le dimanche et les jours de fêtes déterminés par l'Église. Ces jours réservés à Dieu sont autant d'occasions d'offrandes à l'Église. Le calendrier religieux s'étend donc au gré des besoins financiers du clergé.

Au IXe siècle, en France, outre les cinquante-deux dimanches, l'Église décrète trente-quatre jours fériés supplémentaires. Elle cherche ensuite à étendre son pouvoir sur les activités terrestres des hommes en pesant sur l'organisation du travail et des corps de métiers, qu'elle place habilement sous la protection d'un saint patron, à qui de nouveaux jours de repos sont donc dus. L'Église étend donc à la fois bénéfices spirituels et profits financiers.

Au XIVe siècle, les boulangers sont obligés de s'abstenir de cuire leur pain quatre-vingt jours en plus de tous les dimanches de l'année. Une perte sèche d'activité pour les artisans qui pèseront alors de tout leur poids pour une modification du calendrier économico-religieux.

Au XVe siècle, avec l'apparition de fêtes laïques au calendrier, l'Église perd la gestion des journées de travail au profit de la police urbaine. Un décret de la Convention du 22 septembre 1792 abolira tous ces jours fériés supposés provoquer tant de préjudices aux citoyens travailleurs. Le repos obligatoire du dimanche est menacé de disparition.

Mais Napoléon rétablira ce jour hebdomadaire sans travail « *dans les limites des besoins de chaque activité professionnelle* », car pour lui, « *les ouvriers doivent avoir le droit de travailler le dimanche, puisqu'ils mangent tous les jours.*[1] »

Du samedi au dimanche

« *Souviens-toi du jour du chabbat pour le sanctifier : six jours tu travailleras et tu feras toute ta besogne, mais le septième jour est pour l'Éternel ton Dieu ; tu ne feras aucune besogne, ni toi, ni ton fils, ni ta*

---

1. Jacques Attali, *Histoires du temps*, Fayard, 1982.

fille, ni ton serviteur, ni ta servante, ni ton bétail, ni ton hôte qui est dans tes portes, car en six jours l'Éternel a fait les cieux, et la terre et la mer, mais Il s'est reposé le septième jour… » (4e des Dix Commandements divins transmis aux Hébreux par Moïse, ou Décalogue).

La sainteté du repos hebdomadaire est ancrée dans les âmes des hommes, qu'ils soient croyants ou athées. Souvenons-nous que lorsque Pompée fit le siège de Jérusalem[1], il parvint à construire ses machines de guerre et à mettre pied sur les remparts, en profitant du septième jour durant lequel les combattants judéens refusaient de poursuivre la guerre. Cet épisode, qui favorisa la victoire de Pompée, incita les sages à libéraliser le repos du septième jour, et à permettre de travailler et de se défendre sous certaines conditions. Le débat, vingt et un siècles plus tard, reste toujours aussi présent.

Le repos du septième jour, fixé d'abord le samedi, est en fait une transposition dans la société laïque du 4e Commandement du Décalogue. Constantin fixera ensuite ce repos le dimanche. L'article L. 221-5 du Code du travail, en écho à l'obligation biblique, fait du repos dominical un dogme absolu : *« Le repos hebdomadaire doit être donné le dimanche. »* Une règle qui, depuis l'édit de Constantin en 321, s'applique à tous les établissements, profanes et religieux. Le repos du Septième jour sera remplacé en 1797 par le Décadi. Une erreur politique, puisque chômer le dixième jour au lieu du septième allonge la semaine de travail !

Annulé le 12 juillet 1880[2], le repos dominical a vu atténuer son aspect religieux exclusif lors de son rétablissement en 1906 par un étrange triumvirat, Jean Jaurès, la CGT et le comte Albert de Mun, chantre du catholicisme social.

---

1. En - 63.
2. La chambre des députés à majorité républicaine depuis la démission de Mac-Mahon vote entre 1879 et 1880 des réformes tendant à instituer de fait la laïcité comme religion d'État.

Quoi qu'il en soit, le choix du dimanche permet donc aux chrétiens de respecter leur culte. Une mesure qui, aujourd'hui paraît rassembler tous les éléments d'une discrimination passive, puisque les non-chrétiens se retrouvent obligés de ne pas travailler le dimanche sans pouvoir l'échanger contre un autre jour de la semaine, et donc éventuellement de travailler leur jour de repos rituel.

De la même façon, des salariés catholiques, dont l'entreprise bénéficie d'une dérogation préfectorale pour travailler le dimanche, ne peuvent faire valoir leurs convictions religieuses et refuser de travailler le dimanche. L'employeur peut, s'il le désire, fermer son entreprise un autre jour de la semaine afin de respecter ses propres convictions religieuses, mais n'a pourtant pas le droit en compensation d'employer de personnel le dimanche. Fixer le repos hebdomadaire exclusivement au dimanche, sans considération pour le samedi ou le vendredi, ou même tout autre jour de la semaine, reste encore une contradiction avec la législation sociale, pourtant censée apporter une neutralité effective dans l'organisation du temps de travail.

Depuis l'obligation biblique du repos du septième jour jusqu'aux calendriers chrétiens, le monde du travail a vu son temps structuré par des réglementations d'ordre religieux. Aujourd'hui, en France, rien n'a vraiment changé. Le récent débat sur la suppression du lundi de Pentecôte a fait l'objet de commentaires surprenants de la part de l'Église. Ses représentants se sont faiblement opposés à cette suppression, puisque la fête religieuse se situe en réalité le dimanche et non le lundi. Sollicité par les journalistes dès l'annonce du projet gouvernemental de supprimer un jour férié pour financer l'aide aux personnes âgées, Monseigneur Lalanne, secrétaire général de l'épiscopat, a d'ailleurs précisé qu'« *il n'existe pas d'objection théologique ou religieuse à ce que le lundi de Pentecôte soit un jour de travail pour les Français*[1] ». La Conférence des

---

1. Déclarations reprises à travers la presse le 7 septembre 2003. Voir *www.radiofrance.fr*

évêques n'a pourtant pas hésité à faire remarquer que « *la remise en cause d'un jour férié religieux ne pourrait se faire qu'en concertation avec l'Église*[1] ». Ce qui induit donc qu'en cas d'objection théologique à une modification du calendrier national, supposé pourtant laïc, l'Église n'hésiterait pas à faire entendre sa voix. Commentaires, convenons-en, en parfaite contradiction avec la neutralité annoncée du calendrier des jours fériés officiels. Car parmi ces Français cités par le secrétaire général de l'épiscopat, il y a certes des catholiques et des protestants, mais aussi notamment des musulmans, des juifs, des bouddhistes et des athées, pour lesquels la Pentecôte ne représente rien et qui, pour la plupart préféreraient l'échanger avec une fête plus conforme à leur propre calendrier spirituel ou personnel.

La prise de position de la Conférence des évêques de France sur la remise en question d'un jour férié, religieux ou pas, est d'autant plus étonnante que la véritable question qui se pose aujourd'hui est celle à la fois du maintien des cultures religieuses dans la sphère privée et de leur reconnaissance dans la sphère publique. Étant donné le brassage grandissant des populations et des cultures et la décision de chômer lors d'une fête religieuse, resterait donc à l'État de créer dans l'entreprise des structures juridiques conformes au respect du droit de conscience. Mais à la question que nous avons posée : « *Êtes-vous favorable à la modification du calendrier officiel afin d'y intégrer des fêtes chômées d'autres religions du paysage sociétal français ?* », la Conférence des évêques de France nous a simplement répondu que « *cette question ne concerne pas l'Église catholique* ».

---

1. Monseigneur Jean-Pierre Ricard, archevêque de Bordeaux et président de la Conférence des évêques de France, a écrit au Premier ministre le 6 novembre 2004 : « *Ce lundi n'est pas celui d'une fête religieuse, mais le lendemain d'une fête. Il est pourtant, depuis longtemps, un moment privilégié où ont lieu bien des pèlerinages nationaux et locaux, des fêtes diocésaines, de grands rassemblements de jeunes et de nombreuses réunions de famille. Nous redoutons que sa suppression n'occasionne des dommages graves à la vie sociale autant qu'aux activités religieuses.* »

En fait, les trente-cinq heures semblent correspondre parfaitement à certaines exigences liées à l'absentéisme religieux. Et par ailleurs, le roulement des temps religieux aurait pour résultat la nécessité pour l'entreprise de rétablir les trois huit, sept jours sur sept…

Aucune culture en paix

La guerre du temps religieux est donc loin d'être terminée. Monseigneur Michel Dubost, évêque d'Évry, estimant que la Pentecôte a perdu sa signification pour la plupart des Français qui y voient surtout une façon de prolonger leur week-end, se dit même « *favorable à la suppression de deux jours fériés – le 8 mai et le lundi de Pentecôte –, si cela peut aider les personnes âgées* »[1]. Monseigneur Stanislas Lalanne, secrétaire général de l'épiscopat, quant à lui, précise que ce long week-end a été investi par les communautés chrétiennes, qui y organisent pèlerinages, retraites et rassemblements de jeunes.

De plus en plus de voix musulmanes s'élèvent pour que, durant le mois de Ramadan, les après-midi puissent être chômés par les pratiquants qui le souhaitent, alors que le débat reste ouvert sur la pertinence du maintien du lundi de Pâques dans le calendrier officiel des jours fériés. Souvenons-nous simplement que le choix de chômer le lundi suivant le dimanche de Pâques émana jadis d'une demande des commerçants qui souhaitaient se reposer après un jour de fêtes, pour eux très actif.

En fait, si le temps religieux s'est imposé avec les premiers cultes de l'humanité, la guerre pour le contrôle du temps des dieux par les hommes ne laissera aucune culture en paix. La réaction de l'Église dans le cadre du débat sur la suppression du lundi de Pentecôte n'est que l'avertissement de la bataille qui se prépare. Mais, cette fois, les forces

____
1. Patrick Roger, « L'idée de supprimer un jour férié provoque une tempête syndicale », *Le Monde*, 28 août 2003.

en présence ont changé, et il ne s'agit pas d'un duel Église contre laïcité, mais d'un jeu de billard à trois bandes. L'avancée d'une religion aurait immédiatement pour effet de faire progresser la cause d'une autre croyance, puis d'une autre, parfois concurrente, parfois aux valeurs incompatibles, et cela dans une intolérante logique de tolérance.

Gérer équitablement les fêtes religieuses

Rien n'est prévu dans le Code du travail concernant l'absentéisme lié aux convictions religieuses. Notons simplement que l'article L. 122-1 du Code du travail énumérant les fêtes légales ne comporte, en matière de fêtes religieuses, que les fêtes chrétiennes. Situation reconnue et revendiquée à la fois par la Conférence des évêques de France qui voit là un héritage qu'il faut préserver, et étonnamment par le site *education.assemblee-nationale.fr*, qui précise que *« les fêtes religieuses prévues par le calendrier scolaire sont le reflet de la tradition historique catholique en France »*.

La Cour de cassation a donné son opinion sur ce sujet le 16 décembre 1981, en estimant que l'absence non autorisée d'un salarié pour participer à la fête de l'Aïd el-Kebir ne constitue pas de faute grave justifiant une privation de l'indemnité de préavis. Dans la Fonction publique, une circulaire du 24 novembre 2003 rappelle en annexe que les principales fêtes catholiques et protestantes sont prises en compte au titre du calendrier des fêtes légales, et donne pour information la liste des principales fêtes : juives, orthodoxes, arméniennes, musulmanes et bouddhistes. La latitude étant laissée au chef de service d'accorder à ses agents l'autorisation de s'absenter pour participer à une fête religieuse correspondant à leur confession. Le Conseil d'État avait déjà admis le 16 mars 1962, dans le cadre du règlement intérieur de la Compagnie des Tramways électriques d'Oran, que des jours de fêtes légales correspondent à des dates différentes pour des agents musulmans et non musulmans.

Pourtant, concernant les absences liées aux convictions religieuses, rien n'est prévu dans le Code du travail. La pratique administrative et la jurisprudence sont venues tracer des lignes générales, car s'agissant des fêtes religieuses, aucun texte ne vient imposer leur prise en compte pour l'organisation des activités privées ou publiques. Dans la fonction publique, des circulaires du ministre chargé de la Fonction publique indiquent que les chefs de service peuvent accorder à leurs agents une autorisation pour participer à une fête religieuse correspondant à leur confession, dans la mesure où cette absence est compatible avec le fonctionnement normal du service. Il s'agit d'une faculté d'octroi et non d'un droit pour l'agent. Le Conseil d'État estime néanmoins qu'un chef de service qui refuse par principe toute autorisation d'absence pour participer à une fête religieuse autre que l'une des fêtes religieuses légales en France, commet une erreur de droit.

L'arrêt du 12 février 1997 vient illustrer ce propos, donnant gain de cause à Mademoiselle H. à laquelle son employeur, le Centre national d'art et de culture Georges Pompidou, avait refusé trois autorisations d'absence correspondant à des fêtes religieuses non légalement chômées. Mademoiselle H., hôtesse d'accueil au centre national d'art et de culture Georges Pompidou, avait en effet sollicité des autorisations d'absence *pour pouvoir célébrer le Vendredi saint, la Fête-dieu et la fête de la Médaille miraculeuse.* En l'absence de règles définissant le régime des autorisations d'absence, le directeur du centre avait décidé de rejeter ses demandes en se fondant sur une décision de justice du 10 mars 1987, que *« seules les fêtes religieuses légales en France peuvent donner lieu à autorisation d'absence ».* ■

Une multitude d'appréciations

Selon le Conseil d'État donc, l'instauration par la loi de fêtes légales ne fait pas obstacle à ce que des autorisations soient accordées à des agents publics pour qu'ils participent à des fêtes correspondant à leur religion. Sous réserve, bien sûr, des nécessités de fonctionnement normal du service.

Cette décision ne résout en fait aucun conflit à venir, ouvrant la porte à une multitude d'appréciations dont les premières victimes sont les employés, puis naturellement les entreprises. Car le débat sur le respect des fêtes religieuses ne se situe plus au niveau d'autorisations individuelles, mais bien à celui d'un fonctionnement collectif et par conséquent d'une réorganisation du calendrier officiel.

Les cas d'absences pour motif religieux de l'employée d'une entreprise privée et d'un agent d'accueil d'une entreprise publique, s'ils ont été traités de façon tout à fait conforme à la légalité, illustrent la difficulté à gérer ces absences au cas par cas, sans un cadre juridique précis et équitable.

Une salariée de religion musulmane, à qui son employeur avait refusé l'autorisation d'absence, n'était pas venue travailler le jour de la fête de l'Aïd el-Kebir et a demandé au tribunal des dommages et intérêts pour rupture abusive du contrat de travail. La Chambre sociale de la Cour de cassation a justifié la décision de la Cour d'appel d'Aix-en-Provence, qui a débouté la salariée.

La Cour d'appel avait relevé que la personne n'avait pas informé à temps son employeur de son intention de s'absenter et a estimé par ailleurs que l'absence de la salariée avait ce jour-là empêché une livraison importante pour l'entreprise. ▪

En juillet 2003, l'arrêté du Tribunal administratif de Melun reconnaît l'existence d'un préjudice financier à une salariée qui, à la suite d'un refus d'autorisation d'absence de son chef de service, avait dû poser un congé imputable sur ses droits annuels pour assister à une fête religieuse. En effet, le tribunal avait alors annulé les décisions par lesquelles le directeur de l'agence Val-de-Marne avait refusé d'accorder à Madame C., agent d'accueil, des autorisations spéciales d'absence pour les fêtes religieuses des journées des 18, 19 et 27 septembre 2001, correspondant à la célébration de *Yom Kippour* et de *Roch-Ha-Chanah*.

« Considérant que le régime des autorisations d'absence des fonctionnaires constitue, au même titre que les congés proprement dits, un élément du statut des intéressés ; que dans le silence des textes législatifs et

réglementaires à ce sujet, il appartient à tout chef de service de fixer les règles applicables en la matière aux agents placés sous son autorité », le tribunal a estimé que Madame C., ayant sollicité deux autorisations d'absence pour les fêtes religieuses en question, s'était vu opposé un refus qui n'était assorti d'aucune motivation, et *« qu'en se bornant ainsi à rejeter la demande sans que soient invoquées les nécessités du fonctionnement normal du service Val-de-Marne de la dite société »*, le directeur de l'agence avait entaché sa décision d'une erreur de droit. ▪

Cette jurisprudence entérine *de facto* l'autorisation d'absence pour fête religieuse comme un droit susceptible de compensation et institue en fait parmi les citoyens une discrimination indirecte en accordant à certains salariés des avantages matériels pour un motif confessionnel.

Une autorisation d'absence pour motif religieux apparaît encore comme un droit discrétionnaire et contraire à l'interdiction pour un employeur de connaître les choix philosophiques ou religieux de ses employés. En fait la circulaire FP/901 du 23 septembre 1967[1] vise sans doute à garantir aux salariés de la Fonction publique la possibilité de participer aux fêtes religieuses autres que celles figurant au calendrier des jours fériés officiels. Mais, même si la jurisprudence en la matière est sans ambiguïté, et si l'appréciation d'un chef de service ne peut en aucun cas reposer sur la nature du culte concerné, en l'absence de dispositions législatives, il n'appartient en fait qu'à lui d'apprécier si une autorisation est ou non compatible avec les nécessités du fonctionnement normal de son service.

Dans le cadre de l'entreprise privée ou publique, il est sans doute encore temps d'éviter le côté discrétionnaire de ce qui devrait être un droit transparent. Ce ne devrait en effet pas être à l'entreprise d'assumer la responsabilité de choisir entre une fête religieuse et une autre ou entre un signe religieux et un autre.

---

1. Voir le texte de la circulaire en annexe.

Le moyen le plus visible pour exprimer sa culture religieuse consiste le plus souvent à l'exprimer sous la forme identitaire et, au nom de la laïcité, à contester le calendrier officiel ou les fêtes scolaires. L'emblématique fête de Noël étant en effet de plus en plus souvent contestée par certains élèves et parents avec, à la clé, la demande, d'ailleurs injustifiable, de supprimer « *l'arbre de Noël* », ce qui, étonnamment, a parfois été obtenu[1].

Il s'agit évidemment de contestations marginales, représentatives de l'état d'esprit ambiant, mais aussi du degré d'ignorance des contestataires. Noël en effet est de moins en moins considéré comme le jour de naissance de Jésus, et ce à juste titre, puisque la date du 25 décembre a été arbitrairement fixée par le Vatican au IVe siècle. En réalité, la célébration de Noël survenant lors du solstice d'hiver, c'est bien l'une des plus anciennes fêtes célébrées par l'humanité, toutes croyances confondues, puisqu'il s'agit de célébrer la victoire du soleil sur l'hiver, ainsi que le don du feu à travers l'arbre enflammé du sapin de Noël. Réclamer et surtout accepter sa suppression relève donc plus de l'ignorance que d'un excès de laïcité ou d'une démonstration de tolérance.

Un absentéisme de plus en plus massif

Les fêtes religieuses musulmanes, principalement les deux grandes fêtes traditionnelles du Maghreb, la « Grande fête » (*Aïd el-Kebir*) célébrant le *Sacrifice* d'Abraham et la « Petite fête » (*Aïd el-Seghir*) marquant la fin du Ramadan, sont l'occasion d'un absentéisme de plus en plus massif de la part des élèves. Absentéisme religieux qui, probablement, continuera de s'exprimer une fois ces élèves entrés dans la vie professionnelle. Il est donc évident qu'il faut dès à présent réorganiser ce temps religieux avant que ce ne soit le temps religieux qui réorganise le temps de l'entreprise.

---

1. Christine Clerc, « La vérité sur l'islam à l'école », *Valeurs actuelles,* 4 février 2005.

Le recteur de la Mosquée de Paris, Dalil Boubakeur, avait d'ailleurs déclaré lors de sa première élection à la tête du Conseil français du culte musulman en 2003[1] que « *les musulmans doivent respecter la loi du pays dans lequel ils vivent* » et avait aussitôt inclus à côté du devoir d'obtempérer aux lois nationales la demande que la République française s'ouvre aux particularismes. En effet, Dalil Boubakeur, sur la question des fêtes musulmanes se prononce en faveur d'un aménagement du calendrier afin que les musulmans puissent participer aux grandes fêtes de l'islam, concluant ainsi : « *Il y a des problèmes importants qui touchent les fêtes religieuses, qui sont attendues par la population musulmane comme devant être chômées et payées comme les autres.* »[2]

Jean-Arnold de Clermont, président de la Fédération protestante de France, estime que « *la modification du calendrier officiel des jours fériés serait la bienvenue pour intégrer deux journées pour le judaïsme et l'islam. Une négociation avec les instances représentatives de ces deux cultes permettrait de déterminer des dates. Il s'agirait de jours fériés pour tous comme les dates chrétiennes ou républicaines déjà inscrites dans le calendrier.* » Il serait possible, a-t-il ajouté : « *Pour des raisons de temps de travail de demander aux Églises si elles pouvaient abandonner un jour férié, non essentiel. Je pense au lundi de Pâques sans rapport avec une fête chrétienne.* »

Position opposée à celle de Monseigneur Philippe Barbarin, archevêque de Lyon depuis 2002, qui, sur la question des jours fériés, espère tout simplement de l'Europe « *... la reconnaissance de l'héritage religieux et spécifiquement chrétien de notre continent* »[3]. La Conférence

---

1. Dalil Boubakeur a été réélu en 2005 président du Conseil français du culte musulman.
2. Déclaration faite durant l'audition de Dalil Boubakeur par la commission Stasi, le 19 septembre 2003.
3. Cardinal Philippe Barbarin, archevêque de Lyon, adresse au Saint-Père à l'occasion de la visite *ad limina* des évêques des Provinces ecclésiastiques de Clermont et de Lyon, février 2004.

des évêques de France considère en effet que revenir sur le calendrier officiel provoquerait une « *déstructuration sociale* ». Attitude bien éloignée pourtant de celle des protestants qui n'ont jamais réclamé que la Fête de la Réformation (fin octobre) soit un jour férié national et qui, en revanche, sont disposés à échanger un jour de fête chrétienne pour un jour de fête d'une autre religion. La lettre du pape Jean-Paul II au président de la Conférence des évêques de France souhaite au contraire que « *les valeurs religieuses, morales et spirituelles, qui font partie du patrimoine de la France, qui ont façonné son identité et qui ont forgé des générations de personnes depuis les premiers siècles du christianisme, ne tombent pas dans l'oubli* »[1]. Le pape invite donc les catholiques de France « *à puiser dans leur vie spirituelle et ecclésiale la force pour participer à la res publica, et pour donner un élan nouveau à la vie sociale et une espérance renouvelée aux hommes et aux femmes de notre temps.* »[2]

La Confédération française des travailleurs chrétiens (CFTC) considère que le patrimoine reçu, commun à tous les Français, est d'inspiration chrétienne. Le syndicat estime donc qu'un salarié en matière de jours chômés doit accepter l'organisation sociale du pays d'accueil, et que s'il préfère le vendredi ou le samedi au dimanche, « *il existe un grand nombre de pays qui pourront lui offrir cette liberté de choix* », nous a-t-on été précisé. Le fait que les juifs, les musulmans et les bouddhistes soient de nationalité française semble échapper à ce raisonnement.

Selon la CFTC, l'apport de plus de souplesse pour que chacun puisse suivre au mieux les règles de sa religion ne nécessite pas de légiférer et de modifier le statut actuel des relations entre les religions minoritaires et le monde du travail.

---

1. Le 11 février 2005.
2. Concile Vatican II, Constitution pastorale *Gaudium et spes* n. 31.

L'intérêt général prime

Il semble ainsi que la CFTC ne souhaite pas que dans le cadre d'une entreprise, une minorité puisse modifier les structures de travail organisées par la majorité – l'intérêt général primant donc sur le droit des individus. Position qui, de façon paradoxale, apparaît similaire à celle des partisans du tout laïque qui sortent la carte de la laïcité comme un joker qui résoudrait tous les problèmes. La France a donné un cadre laïque à la sphère publique et c'est à toutes les cultures religieuses de s'y conformer. Telle semble être la position à la fois de la CFTC et des *laïcistes.* Il existe deux faits qui rendent ces positions incompatibles avec les réalités du monde du travail. Tout d'abord, la laïcité française est de toute évidence d'inspiration chrétienne. Ce qui est, certes, historiquement fondé. Ensuite, le développement d'autres religions, dynamisé par la nécessaire immigration et l'élargissement de l'Europe rend les effets de cette particularité discriminatoire. L'argument de « *l'héritage historique* » ne peut résister longtemps à la pression des réalités religieuses. La laïcité ne peut plus être un espace d'où les cultures religieuses sont bannies ou mises sous contrôle. Dans une Europe sans frontières, avec une mobilité grandissante des ressources humaines des entreprises, il semblerait essentiel d'organiser les relations entre les nécessités religieuses de chacun et le respect des intérêts collectifs.

Quelle latitude pour l'entreprise ?

Rappelons que les entreprises privées n'ont pas obligation de fermer leurs portes les jours des fêtes légales, excepté le 1er mai[1]. D'autres jours sont parfois fixés par le règlement intérieur, comme la saint Vincent et la saint Jean-Baptiste dans le secteur du Champagne. Le respect d'un jour chômé pour la fête musulmane du sacrifice, *Aïd el-Kebir,* est répandu dans le secteur du bâtiment.

---

1. Article L. 225-5 du Code du travail.

Les dates chômées pour motifs religieux devraient donc faire l'objet de façon générale d'une négociation avec les salariés et leurs représentants pour être désignées par le règlement intérieur de l'entreprise, et pouvoir être inscrites dans les contrats de travail. Il semble improbable que les évolutions démographiques et cultuelles de la France et de l'Union européenne continuent de tolérer qu'à côté de la laïcité d'inspiration chrétienne tentent de survivre et de s'exprimer des religions *a fortiori* considérées de seconde zone. L'État ne pourra donc pas faire l'économie d'une adaptation du calendrier officiel de ses jours fériés aux réalités nouvelles de la France dans l'Europe, privilégiant l'esprit de non-discrimination et de liberté de culte et de conscience qui est supposé animer notre Constitution.

Laisser le soin de la mise en place de cette réorganisation aux entreprises permettrait sans doute de ne pas altérer le principe de laïcité à la française tout en répondant de plus près aux exigences de notre société. Chaque entreprise, s'appuyant sur un calendrier officiel élargi à l'ensemble des religions, pourrait alors fixer les jours fériés en coordination avec les convictions religieuses des salariés qui le souhaitent, ou au cas par cas à travers les contrats de travail. Une liberté qui pourrait déboucher sur le respect de fêtes religieuses sans considération de son propre culte. Nous verrons alors des musulmans célébrer la fête juive de Yom Kippour, des chrétiens fêter l'Hégire, et des juifs célébrer le Noël orthodoxe comme beaucoup fêtent déjà sans réflexe identitaire le nouvel an chinois… En fin de compte, le plus démocratique et le plus laïque ne serait-il pas que l'État fixe un nombre de jours fériés par an ? Libre ensuite aux entreprises de décider des jours chômés en fonction des choix de leurs employés ?

Cette question se pose aussi dans le cadre régulièrement débattu du repos hebdomadaire. Ne pas travailler le samedi est une obligation pour les juifs, le vendredi est un jour de prière incontournable pour les musulmans, et le dimanche est un jour chômé à la fois chrétien et laïque. Une harmonisation de ces jours sera-t-elle un jour compatible avec le Droit du travail ? L'argument de la *déstructuration sociale* soulevé par la Conférence des évêques de France ne tient plus devant la modification évidente des forces spirituelles en présence. L'État peut-il parvenir à se dégager des héritages religieux pour évoluer librement dans la sphère laïque et neutre qui est la sienne ?

La Convention européenne des Droits de l'homme précise que « *la liberté de manifester sa religion ne peut être restreinte que pour des motifs relatifs à la protection de l'ordre ou à la protection des droits et des libertés d'autrui* ». En d'autres termes, tout aussi clairs, John Locke écrivait dans sa *Lettre sur la tolérance*[1] : « *Il n'y a aucune personne, ni aucune Église, ni enfin aucun État qui ait le droit, sous prétexte de religion, d'envahir les biens d'un autre, ni de le dépouiller de ses avantages temporels* », précisant que « *la loi ne doit se préoccuper que du maintien de l'ordre social… elle n'a aucune juridiction sur les âmes des hommes* ». Belle idée, si ce n'est que désormais le responsable d'une entreprise a la lourde responsabilité de gérer cette tolérance, alors qu'il n'a pas les moyens de le faire dans les meilleures conditions possibles.

Un rapport différent au temps

En fait, il faut comprendre que le temps religieux est animé par une volonté perpétuelle de revenir au commencement, à l'instant parfait de la Création, au moment où l'homme était libre de tout péché. Cet éternel retour aux sources, garant d'une vie éternelle, s'inscrit donc dans un temps circulaire. Le temps des hommes, celui de l'Histoire et de la vie politique s'inscrit dans un temps linéaire, tourné vers la construction de l'avenir et pour lequel le présent est l'espace privilégié. Ces

---

1. John Locke (1632-1704) publie sa *Lettre sur la tolérance* en 1689. Il y préconise la tolérance religieuse, considérant que tout homme doit avoir le droit d'exercer le culte de son choix à condition de ne pas porter atteinte aux droits de tous. Locke exclut de ce concept de tolérance ceux dont les dogmes sont contraires à la conservation de la société.

deux temps, circulaires et linéaires, ne sont pas faits pour se rencontrer. Lorsque cela est le cas, quand notamment l'État laïque entre dans le débat religieux, ne peut que surgir un conflit puisque le rapport au temps n'est pas le même. C'est dans cet esprit que la gestion des fêtes religieuses devrait être laissée aux responsables cultuels et au choix des salariés concernés, et la responsabilité des jours fériés profanes à l'État.

Il est aussi important de se souvenir que les dates des fêtes religieuses sont en fait aussi arbitraires que l'établissement d'un symbole religieux. Le jour de naissance de Jésus fut fixé par l'Église romaine au 25 décembre en 354 de l'ère chrétienne afin de s'émanciper clairement des églises orientales qui en célébraient la naissance le 6 janvier. Par ailleurs, la Chandeleur a été fixée au Ve siècle par le pape Gélase Ier, quarante jours après la naissance de Jésus, soit à l'issue de la période de purification de la mère, exigée par le Lévitique après l'accouchement d'un garçon[1]. Cette fête, non chômée, est donc celle de la présentation de Jésus au temple, une célébration chrétienne fondée sur une réglementation juive. Mais, en fixant cette fête à cette date, le pape voulait aussi s'attaquer aux fêtes orgiaques du dieu Pan, célébrées à Rome à cette même date. Quant à la Pentecôte, célébration de la descente de l'Esprit saint dans la tradition chrétienne, c'est aussi la célébration du don de la Torah dans la tradition juive, soit le don des dix commandements, le cinquantième jour après Pâques, date de l'Exode des Hébreux d'Égypte. Les âmes semblent donc s'être métissées avant les corps.

Les fêtes religieuses étaient à l'origine pour la plupart des fêtes agricoles liées au cycle de la nature : célébration du printemps, temps des moissons, fête de la récolte, solstice d'hiver… À ces fêtes ont été ajoutées des célébrations nationales ou culturelles. Comme les signes religieux, les fêtes évoluent, changent de signification, parfois changent de date.

---

1. Dans la religion chrétienne, les « *relevailles* » de Marie correspondent à la présentation de Jésus au Temple, quarante jours après sa naissance. Pendant longtemps, les jeunes accouchées perpétuaient la loi du Lévitique en se rendant à l'Église quarante jours après la naissance de leur enfant pour se faire « *purifier* » par le prêtre.

Qu'elles ne perdent jamais leur sens premier, celui d'unir les populations d'une nation et non de les séparer les unes des autres : voilà ce qui est important. C'est dans cet esprit que le calendrier des jours fériés devra sans doute être adapté aux nouvelles réalités. L'entreprise reste l'espace privilégié pour exprimer cette volonté de cohésion sociale qui ne peut être concrétisée ni dans le conflit ni dans l'exclusion, mais par la prise en compte de la conscience religieuse ou philosophique de ses employés.

Le parlementaire René Dosière a proposé[1] à l'Assemblée nationale que soient inscrites sur les calendriers non seulement les fêtes catholiques, mais aussi les fêtes de l'Aïd el-Kebir et de Kippour.

Pour compliquer la situation, la directive européenne du 23 novembre 1993 concernant certains aspects de l'aménagement du temps de travail prévoit ceci : « *En ce qui concerne la période de repos hebdomadaire, il convient de tenir compte de la diversité des facteurs culturels, ethniques, religieux et autres des États membres ; [...] en particulier, il appartient à chaque État membre de décider, en dernier lieu, si et dans quelle mesure, le dimanche doit être compris dans le repos hebdomadaire.* »

Le sociologue Edgar Morin soulignait à juste titre dans *Le Monde* du 18 février 2003 que « *l'idée d'introduire* l'Aïd el-Kebir *et* Yom Kippour (au calendrier des jours chômés officiels) *correspond au souci compréhensible de reconnaître une France multiethnique et multiconfessionnelle. Mais elle conduirait à donner un accent religieux à des identités qui ne sont pas principalement religieuses. Les juifs étaient en grande partie des libres penseurs, comme le sont aujourd'hui bien des gens d'origine maghrébine. Enfermer les uns et les autres dans la religion d'origine, c'est comme si on définissait la majorité des Français comme chrétiens. De fait, le judaïsme, qui est intégré depuis longtemps, n'a jamais revendiqué pareille mesure. Les absences scolaires des juifs et musulmans pieux n'ont*

---

1. Lors des séances publiques de débat sur la laïcité qui se déroulèrent du 3 au 10 février 2004.

guère posé de problèmes. Que l'on donne des autorisations de chômer à ceux qui veulent pratiquer leurs fêtes religieuses. » Sur cette question, Egard Morin a d'ailleurs précisé que « *la tendance en France, en Italie et en Espagne est bien de dénationaliser les fêtes religieuses* ».

Les temps hors du temps officiel

Pour mieux comprendre les fêtes religieuses

Chaque culture religieuse, comme la culture républicaine, s'articule autour d'un temps particulier. Les dates des fêtes religieuses obéissent à des calendriers solaires, lunaires, et parfois solaires et lunaires. En fin de compte, si la plupart des fêtes célèbrent majoritairement les mêmes événements fondateurs, notamment des fêtes agricoles et des événements bibliques majeurs, l'observance de calendriers différents a fini par modifier, culture par culture, les dates originelles. En altérant le temps, chaque religion a ainsi artificiellement créé des particularités qui ont progressivement construit un réflexe identitaire spécifique à la logique monothéiste. En s'accrochant à la forme, chacun finit par oublier le fond. Le monde de l'entreprise a les moyens de réconcilier ces temps différents. Le meilleur moyen d'y parvenir consiste sans doute pour chacun à prendre en compte le temps de l'Autre.

Nombre de croyants en France

Chrétiens catholiques : env. 45 000 000
Musulmans : de 4 500 000 à 6 000 000
Chrétiens protestants : de 900 000 à 1 400 000
Bouddhistes : de 400 000 à 600 000
Juifs : de 600 000 à 800 000

Source : *www.portail-religion.com*

Lieux de culte en France

40 000 édifices cultuels catholiques
1 685 mosquées et salles de prières en 2005 d'après le ministère de l'Intérieur
957 temples protestants
82 synagogues et oratoires

Source : *L'islam dans la République*, publié par le Haut-commissariat à l'intégration et édité par La documentation française en novembre 2000.

Le temps officiel

Le calendrier officiel des jours fériés en France (Code du travail, art. L. 222-1) comprend douze jours fériés, dont huit à mémoire religieuse. De plus en plus de femmes et d'hommes préfèrent choisir leurs jours de vacances en dehors du calendrier officiel, tout simplement pour des raisons personnelles, parfois éloignées de préoccupations religieuses, comme par exemple pouvoir bénéficier de tarifs de voyage et d'hôtellerie plus attractifs. Une tendance qui montre que la flexibilité du monde du travail en matière de jours fériés n'est pas en contradiction avec le respect des fêtes religieuses.

Le seul obstacle à la flexibilité des vacances reste l'organisation de l'année scolaire. Les familles préférant respecter les fêtes prescrites par leurs cultures religieuses n'ont plus que le choix d'inscrire leurs enfants dans des établissements privés.

1er janvier, Jour de l'An
13 avril, Vendredi saint (Alsace-Moselle seulement)
16 avril, Lundi de Pâques
1er mai, Fête du travail

112

8 mai, Victoire de 1945
24 mai, Jeudi de l'Ascension
4ᵉ lundi de juin, Lundi de Pentecôte (désormais travaillé depuis 2005)
14 juillet, Fête nationale
15 août, Assomption
1ᵉʳ novembre, Toussaint
11 novembre, Armistice 1918
25 décembre, Noël

Le temps catholique

Aujourd'hui, environ 45 millions de Français, de culture catholique, sont effectivement baptisés dans cette religion. En 1994, 67 % de Français, soit une majorité, se déclarent catholiques (en 1984, ils étaient 81 %) et 12 % se déclarent pratiquants.

La limitation à huit fêtes officielles d'inspiration chrétienne rend difficile aux catholiques pratiquants de France et d'Europe d'observer les fêtes de leur choix dans l'espace de l'entreprise, avec environ vingt-trois fêtes dont le respect n'est pas simplifié par l'organisation du travail.

Les principales fêtes catholiques

* Nouvel An : le 1ᵉʳ janvier célèbre la circoncision de Jésus huit jours après sa naissance, considérée dans la pensée chrétienne comme le premier versement du sang du Christ.
* L'Épiphanie : d'abord fêtée le 6 janvier, la venue des Rois mages est célébrée depuis le Vᵉ siècle le premier dimanche de janvier. Cette fête n'est plus chômée depuis le Concordat. Au XVIIIᵉ siècle, l'abbé Deslion partit sans succès en guerre contre les galettes, coutume alors considérée comme satanique.

* La Chandeleur : quarante jours après Noël, l'Église fête la présentation de Jésus au Temple de Jérusalem. Cette période correspond à la prescription juive de la période de purification de la mère d'un nouveau-né mâle.

* Mercredi des Cendres : le mercredi des Cendres marque l'entrée en Carême. À l'origine, le jeûne n'était destiné qu'aux pénitents, mais depuis saint Grégoire, au VIe siècle, faire carême fut étendu à tous les fidèles. À partir du IXe siècle, le pape Urbain II oblige chacun à l'imposition des cendres, sans doute pour rappeler à chacun qu'« [il est] *poussière et* [qu'il] *retournera à la poussière* »[1].

* Carême : période de quarante jours de pénitence entre le mercredi des Cendres et le jour de Pâques, à l'exception des dimanches. En 789, Charlemagne menaça de peine de mort quiconque enfreindrait la loi du Carême. Cette longue période de jeûne rappelle les quarante jours passés par Moïse sur le mont Sinaï avant de recevoir les Dix Commandements, comme dans l'islam la célébration de Ramadan.

* Les trois dimanches de Carnaval : neuvième, huitième et septième dimanches avant Pâques.

* Passion : deuxième dimanche avant Pâques, célébration de la crucifixion et de la mort du Christ.

* Rameaux : premier dimanche avant Pâques, nommé ainsi en raison des rameaux tenus par Jésus lors de son entrée à Jérusalem. Ce dimanche ouvre la *Semaine sainte*. La coutume des rameaux est liée à l'une des trois fêtes agricoles d'Israël, *Soukkot*, la fête des cabanes.

* Jeudi saint : célébration du partage du dernier repas de Jésus avec ses apôtres.

* Vendredi saint : célébration de la Passion du Christ. Le jeûne pascal est observé ce jour-là, ainsi que le lendemain *samedi saint*.

* Pâques : fête commémorant la résurrection du Christ. À l'origine, la Pâque (*Pessah*) célèbre l'exode d'Égypte, la liberté retrouvée des

---

1. Voir Genèse 3, 19 : « *Jusqu'à ce que tu retournes au sol, puisque tu en es tiré.* »

Hébreux et donc la renaissance d'un peuple. Cette période correspond aux fêtes originelles du printemps et au renouvellement de la vie et de la nature.

- Lundi de Pâques : trois jours après le Vendredi saint, résurrection du Christ.
- Ascension : jeudi, quarante jours après Pâques.
- Pentecôte : cinquante jours après Pâques est célébrée la descente de l'Esprit saint sur les apôtres. La Pentecôte, dans le judaïsme, correspond au don de la Torah, sept semaines après Pâques.
- Trinité : premier dimanche après la Pentecôte. Célébration du Père, du Fils et du Saint-Esprit en un seul et même Dieu.
- Fête-Dieu : la fête du saint sacrement est célébrée le jeudi qui suit la Trinité, depuis 1247 à la suggestion d'une sœur hospitalière. Ce jour n'étant pas chômé en France, il est généralement observé le deuxième dimanche de la Pentecôte.
- Jours-gras : les trois semaines qui précèdent le Carême.
- Carême-prenant : les trois jours gras précédents le Carême et plus particulièrement le Mardi gras.
- Mi-Carême : jeudi de la troisième semaine de Carême.
- Noël : naissance de Jésus, date fixée en 354, correspondant à la célébration du solstice d'hiver, soit la victoire du soleil sur les ténèbres.

Le temps musulman

L'islam est la deuxième religion de France. On avance souvent, en France, les chiffres de 4 à 6 millions de musulmans. Il est donc évident, quel que soit le degré d'engagement religieux de chacun, que la notion de cohésion sociale attachée à un calendrier officiel n'est plus conforme à la réalité.

Selon *L'islam dans la République*, rédigé par le Haut-commissariat à l'Intégration et publié par La documentation française en novembre 2000, voici quelques évaluations statistiques. En se fondant sur les pays d'origine et sans tenir compte du degré de pratique ou de la revendication par ces populations de leur identité religieuse, ce rapport conclut au chiffre de 4 155 000 musulmans en France :

Musulmans d'origine maghrébine : 2 900 000
– dont d'origine algérienne : 1 550 000
– dont d'origine marocaine : 1 000 000
– dont d'origine tunisienne : 350 000

Musulmans du Moyen-Orient : 100 000
Turcs : 315 000
Afrique Noire : 250 000
Convertis : 40 000

Musulmans demandeurs d'asile et clandestins : 350 000
Musulmans d'origine asiatique : 100 000
Autres : 100 000

Les principales fêtes de l'islam

Le calendrier des fêtes musulmanes est basé sur le cycle lunaire. Étant donné un décalage d'environ une douzaine de jours par an, les dates du calendrier sont donc approximatives.

- *Aïd el-Kebir,* ou *Aïd-el-Adha :* la Grande fête. Elle rappelle le sacrifice d'Abraham, prêt à immoler son fils en témoignage de sa foi. La fête du sacrifice se déroule vers la fin du mois de janvier. Cette fête est chômée.
- *Muharem :* le Nouvel An, qui correspond au jour de l'*Hégire*. En 622, Mahomet quitte sa ville natale, La Mecque, pour Yathrib. C'est un événement capital dans l'histoire de l'islam. Le 24 juillet Mahomet atteint l'oasis de Yathrib, désormais être nommée Al-Madînat. La tradition fait pourtant débuter l'an I de l'Hégire le 16 juillet, afin de coïncider avec le premier jour de l'année lunaire. La fête de l'Hégire n'est pas toujours considérée comme une fête religieuse. Cette célébration peut être, selon les cultures,

116

une simple tradition. Dans les pays où l'islam est majoritaire, cette fête est chômée.

* *Achoura* ou *Al Mawlid* : la célébration de la naissance du prophète Mahomet à La Mecque à la fin du VIe siècle se déroule généralement début mai. On ne connaît pas la date exacte de la naissance de Mahomet, mais elle pourrait se situer en 570 ou 571. Cette fête est chômée.
* *Ramadan* : le neuvième mois de l'année lunaire. Entre le lever et le coucher du soleil, repas et rapports sexuels sont proscrits. Cette fête se déroule actuellement entre les mois d'octobre et de novembre. Dans les pays musulmans, le travail durant Ramadan ne s'arrête pas, mais, les horaires sont modifiés en fonction du coucher du soleil. Le respect de Ramadan est un des cinq piliers de l'islam.
* *Aïd-el-Fitr* : la Petite fête. Elle marque la rupture du Ramadan dans la joie. Environ un mois après le début du ramadan. Cette fête n'est pas chômée.

Les dates de ces fêtes, variables suivant le calendrier lunaire, sont fixées à un jour près. Les autorisations d'absence devraient, selon nous, prendre en compte un décalage d'un jour en plus ou en moins de la date de la fête. Ces fêtes commencent la veille au soir.

Tunisie, Maroc, Algérie, ou encore Turquie, ainsi que l'ensemble des pays musulmans, observent ces cinq fêtes. Ces jours ne sont néanmoins pas tous chômés ou payés partout.

En Turquie, par exemple, les fêtes religieuses célébrées, chômées et payées sont celles du Ramadan et du Sacrifice d'Abraham. La fête du Ramadan y dure trois jours et demi commençant à 13 heures, la veille, tandis que celle du Sacrifice dure quatre jours et demi. Le 1er janvier qui ne correspond donc pas à l'anniversaire de l'Hégire est pourtant en Turquie un jour férié à l'occasion du Nouvel An.

Fouad Alaoui, secrétaire général de l'Union des organisations islamiques de France, nous a précisé que deux fêtes religieuses en islam sont essentielles : « *Aïd-el-Adha et Aïd-el-Fitr. La première célèbre le sacrifice d'Ibrahim (Abraham). La seconde célèbre la fin du mois de Ramadan, moment de piété et de haute spiritualité pour l'ensemble des musulmans.* » Et d'ajouter, sur la question de l'éventuelle modification du calendrier officiel : « *Il est tout à fait normal que les musulmans de France aspirent à pouvoir célébrer ces deux fêtes en famille et dans un cadre communautaire. Pour que cela puisse se faire, il serait tout à fait normal que la contrainte de l'obligation de présence sur les lieux de travail, ou bien à l'école, soit levée. À ce jour, seules existent une certaine tolérance pour les élèves et une autorisation à demander aux chefs d'établissements scolaires. Pour intégrer les citoyens de confession musulmane et leurs enfants dans les valeurs républicaines, il faut leur ôter le sentiment que leur religion n'a pas la même place que la religion catholique majoritaire.* »

Fouad Alaoui est d'ailleurs favorable à ce que les fêtes musulmanes s'ajoutent au calendrier officiel sans se substituer à des fêtes chrétiennes. « *Je pense*, dit-il, *qu'il est tout à fait essentiel pour la République que tous ses citoyens partagent certains moments forts. Et les fêtes sont de ceux-là. Je me sens heureux de me joindre à la joie de mes amis, de mes voisins ou de mes collègues et vice-versa. Je pense que cela ne peut que nous rapprocher et nous amener à avoir plus de choses en commun. C'est ainsi qu'on renforcera les liens entre les différentes composantes de notre société, et on évitera les cloisonnements et les replis. Nous avons un véritable problème de méconnaissance mutuelle. Les fêtes communes sont de toute évidence un élément positif pour le vivre ensemble.* »

Demeure néanmoins posée la question de la rémunération des fêtes religieuses chômées non inscrites au calendrier officiel.

Le temps protestant

Les protestants représentent environ 1 % à 2 % de la population française soit entre 900 000 et 1,4 million de personnes. Si le protestantisme se situe au troisième rang des religions de France derrière le catholicisme et l'islam, il célèbre la plupart des fêtes catholiques et ses représentants ne voient aucun inconvénient à voir substituer des fêtes chrétiennes par des fêtes d'autres religions du paysage spirituel français. Il existe néanmoins une fête exclusivement protestante. Célébrée le dimanche le plus proche du 31 octobre, la fête de la Réformation est l'anniversaire du jour de 1517 où Luther a commencé publiquement son action de réforme de l'Église. Jusqu'à aujourd'hui la Fédération des Protestants de France n'a pas jugé utile que cette fête devienne une fête nationale.

Le temps juif

La population juive représente environ 1 % des Français, soit entre 600 000 et 800 000 personnes. Les Français de confession juive n'ont que très épisodiquement réclamé une reconnaissance officielle de leurs fêtes religieuses. Différentes raisons peuvent expliquer cette situation. Tout d'abord, la faible présence démographique de la communauté juive en France ; ensuite l'essence même de l'enseignement spirituel juif qui, au fil des siècles, s'est adapté aux systèmes de pensée de ses pays d'accueil.

La loi biblique prescrit pourtant pour le judaïsme l'observance de sept jours de fête où tout travail est interdit :

- *Roch-ha-chanah,* la fête du Nouvel An a généralement lieu au mois de septembre. Ce jour du repos solennel marque le début des dix jours de pénitence qui mènent au Grand Pardon de *Yom Kippour.*
- *Yom Kippour,* le jour des expiations est le plus saint du calendrier juif. Jour de jeûne il est considéré comme le *chabbat* des *chabbats. Yom Kippour* a lieu dix jours après *Roch-ha-chanah,* soit durant le mois de septembre ou au début du mois d'octobre.
- Le premier jour de *Soukkot,* la fête des tentes est une des trois fêtes de pèlerinages durant lesquelles les juifs montaient à Jérusalem

jusqu'à la destruction du temple. Elle est associée à la période d'errance des Hébreux dans le désert lors de l'Exode. Fête agricole se tenant lors de la récolte d'automne, *Soukkot* est célébrée fin septembre, début octobre.

* *Chemini Atsèret,* le huitième jour de l'assemblée solennelle clôt la fête de *Soukkot.* C'est l'achèvement et le recommencement du cycle annuel de la lecture du Pentateuque. Il a donc lieu huit jours après *Soukkot.*

* Le premier et le dernier jour de *Pessah,* la fête de Pâques est une des trois fêtes de pèlerinage à Jérusalem. Célébrée pendant huit jours (seuls le premier et le dernier sont chômés), *Pessah* commémore l'Exode des Hébreux et la fin de l'esclavage. Cette fête universelle de la liberté correspond aussi aux célébrations du printemps et aux premières moissons d'orge. *Pessah* a généralement lieu durant le mois d'avril.

* *Chavouot,* la fête des semaines, est aussi appelée Pentecôte, puisqu'elle célèbre le don de la Torah sept semaines après le premier soir de Pâques. Ce cinquantième jour de liberté est aussi celui de la naissance et de la mort du roi David, une des trois fêtes de pèlerinage à Jérusalem. *Chavouot* est donc une fête des moissons durant laquelle les prémices étaient offertes au temple. Elle se déroule généralement au cours des mois de mai ou de juin.

En raison des doutes sur l'exactitude du calendrier mi-solaire mi-lunaire, il a été arrêté que les juifs vivant hors d'Israël devaient observer ces fêtes à l'exception de *Yom Kippour* pendant deux jours au lieu d'un. En France, les jours de fêtes chômés s'élèveraient donc à treize.

Le temps bouddhiste

Il y a environ 400 000 à 600 000 bouddhistes au sein de la population française, ce qui place ce mouvement spirituel au cinquième rang des religions de France. Le calendrier bouddhiste a néanmoins plusieurs variantes selon les écoles, les traditions et les pays. Par exemple, les adeptes de l'école du « Petit Véhicule », comme les Cambodgiens, utilisent un calendrier lunaire. Leur Nouvel An a lieu en avril ou en mai. Pour leur part, les disciples de l'école du « Grand Véhicule », tels les Chinois et les Vietnamiens, ont un calendrier luni-solaire. Leur nouvelle année ou *Têt* est célébrée en janvier ou février. Quant aux bouddhistes japonais, ils ont adopté le calendrier grégorien et leur Nouvel An correspond à ce calendrier. Toutefois, les bouddhistes ont de grandes fêtes en commun.

* *Magha Puja,* le jour de la pleine lune du troisième mois lunaire (mars), est commémoré un événement essentiel de la vie de Bouddha. Le discours à ses disciples prône de s'abstenir de mauvaises actions, de faire le bien et d'épurer son esprit.
* Le Nouvel An bouddhiste. Pour la Thaïlande et le Cambodge, le Nouvel An est célébré pendant les trois premiers jours de la pleine lune d'avril. Cependant, la nouvelle année bouddhiste dépend du pays d'origine de chacun.
* *Vesak Puja* représente la célébration de l'anniversaire de la naissance de Bouddha, fêté le jour de la pleine lune du mois de mai.

Face à la laïcité française, l'Union Bouddhiste de France, par la voix de son président Pierre Dokan Crépon, nous précise : *« Si le bouddhisme n'impose rien, il y a bien une doctrine, une philosophie, mais il n'y a pas de dogme… Il n'y a pas de Dieu personnifié qui dirige notre vie. Cette liberté laissée à chacun est fondamentale… Le message du bouddhisme est qu'il faut sortir de la logique de l'affrontement, accepter les différents pôles de la nature humaine. La société laïque française doit bien sûr assurer le mieux possible les besoins matériels du plus grand nombre, mais également accepter le besoin inhérent de spiritualité, même si ce besoin n'est pas ressenti par tous. Elle doit également favoriser ce qui contribue à l'épanouissement de chacun, dans ses différentes composantes, et promouvoir les valeurs qui permettent aux êtres, à tous les êtres sensibles, de vivre en harmonie. »* En fait donc, comme l'ensemble des religions de France, les bouddhistes attendent de pouvoir pratiquer leur croyance dans l'espace apaisé d'une laïcité ouverte aux diverses spiritualités qui forment désormais la nation française.

Le temps orthodoxe

La religion orthodoxe est une religion chrétienne orientale, séparée de l'Église romaine catholique il y a près d'un millénaire. La grande majorité des peuples slaves s'est alors ralliée à l'Église d'Orient dont le siège était à Constantinople. En France, cette religion représente entre 150 000 et 200 000 fidèles. Ses adeptes sont estimés à près de 200 millions dans le monde, en particulier en Grèce, en Roumanie, en Bulgarie, en ex-Yougoslavie et surtout dans les anciens pays du bloc soviétique où ils représentent 50 % de la population. L'élargissement de l'Europe et les partenariats privilégiés avec des pays de l'Est contribuent à l'augmentation de travailleurs de confession orthodoxe en France.

Grèce (majoritairement orthodoxe) : 9 000 000
Allemagne : 900 000
Royaume-Uni : 450 000
France : 150 000
Suède : 94 000
Benelux : 67 000
Finlande : 58 000
Italie : 32 000
Pologne : 570 000
Chypre (majoritairement orthodoxe) : 442 000
Estonie : 75 000

Source : ces statistiques ont été publiées par SOP France,
Service orthodoxe de presse, *www.orthodoxpress.com*

Les fêtes orthodoxes sont célébrées soit selon le calendrier grégorien, soit selon le calendrier julien. Il arrive cependant que les dates des deux calendriers coïncident. Ces fêtes sont pour la plupart similaires aux fêtes catholiques. On retrouve Noël, l'Annonciation, les Rameaux, la célébration de la Semaine sainte et du matin de Pâques, l'Ascension, la Pentecôte, la Transfiguration, la Nativité de la vierge, et les fêtes des saints propres à chaque région. Néanmoins, Noël, pour les communautés orthodoxes qui suivent le calendrier julien est célébré le 6 janvier.

Gérer les temps de prières

« Je ne pense pas que les temps de prières aient à être intégrés dans les horaires de travail. Mais on peut fort bien imaginer que les entreprises qui ont déjà des salles de repos ou des salles réservées aux fumeurs aient des salles réservées à la prière », nous a précisé Jean-Arnold de Clermont, président de la Fédération protestante de France.

Le judaïsme connaît trois prières quotidiennes pour les jours ouvrables

- La prière du lever se récite dans les trois premières heures de la journée suivant l'aube, revêtu du châle à franges et des phylactères. Elle dure environ trente minutes.
- La prière de l'après-midi d'environ dix minutes est récitée au plus tôt une demi-heure après midi et pas plus tard qu'au crépuscule. Les horaires sont variables selon la saison.
- La prière du coucher est récitée après la tombée de la nuit et dure environ quinze minutes environ.

La seule prière qui pourrait poser problème dans une journée de travail pourrait être celle de l'après-midi, mais l'autorité rabbinique estime que cette prière peut être regroupée avec l'une ou l'autre des autres prières de la journée. Les sages du Talmud attachant d'ailleurs une grande importance aux devoirs d'un salarié envers son employeur, les dispensent de réciter la dernière prière suivant le repas afin de ne pas empiéter sur leurs heures de travail[1].

L'islam connaît cinq prières quotidiennes

Le respect des prières est un des cinq piliers de l'islam, avec la profession de foi, l'aumône, le jeûne, et le pèlerinage à La Mecque. C'est donc un commandement religieux de première importance. Les horaires stricts changent en fonction du calendrier lunaire qui gère le temps musulman.

- La prière de l'aube commence vers 6 h 45.
- La prière de la mi-journée vers 12 h 55.
- La prière de la mi-après-midi vers 14 h 45.
- La prière du coucher du soleil vers 17 heures.
- La prière de la nuit vers 18 h 45.

Il ne serait pas permis d'anticiper ou de reculer les heures de ces prières sans excuse valable selon la loi de l'islam, tels un voyage lointain ou une maladie grave. Néanmoins, Fouad Alaoui, secrétaire général de l'Union des organisations islamiques de France, a déclaré lors de son audition par la mission d'information sur la question du port des signes religieux à l'école : « *En ce qui concerne la prière du vendredi qui est obligatoire, comme l'est la messe du samedi ou celle du dimanche, lorsque l'horaire d'été intervient, la prière devrait se dérouler vers 14 heures ou 15 heures, alors que les gens sont au travail. Nous avons adopté un avis théologique qui s'applique dans toutes les mosquées affiliées à l'UOIF aux termes duquel on peut avancer l'heure de la prière du vendredi à 13 heures, sur une plage horaire où l'on ne travaille pas.* »[2] Il

----

1. Voir Maïmonide, *Michneh Torah, Hilkhot sekhirout*, « Lois de l'emploi », 13, 7.
2. Assemblée nationale, Rapport 1275, décembre 2003.

est clair que cette décision ne concerne que la prière de l'après-midi du vendredi et ne donne aucune indication concernant les autres prières des autres jours de la semaine. Pourtant, à la question du député Jacques Myard : « *Cela va-t-il jusqu'à dire qu'au milieu d'un cours d'anglais des enfants musulmans feront la prière car il s'agit d'un pilier de l'islam ?* » Fouad Alaoui a répondu par la négative.

Le secrétaire général de l'UOIF nous a pourtant précisé : « *Il y a bien des pauses dans tous les métiers. Même pour la cigarette. Il est bien établi que la pause pour reprendre des forces, se détendre ou répondre à un besoin quelconque sont des éléments de gain de productivité. Pour le musulman, la prière constitue un moment de quiétude et d'apaisement qui l'aide à se ressourcer et à retrouver sa vitalité et son équilibre durant sa journée et donc dans son travail. Sur un plan économique il est très certainement rentable pour l'employeur d'aménager un espace de prière pour ceux de ses salariés qui en éprouvent l'envie. Et puis, est-ce que cela ne se faisait pas dans les différentes usines ; chez Renault, Citroën ou ailleurs. Cela n'avait pas soulevé de difficultés pour ces groupes !* »

Ce rapide tour d'horizon de quelques-unes des possibles zones de contact entre les cultures religieuses et l'entreprise, indique une situation qu'il faut maîtriser avant qu'elle ne se transforme en conflit. L'État, qui doit se situer hors des obédiences religieuses, n'est certes pas infaillible. Les Églises, qui doivent se contenter d'un pouvoir spirituel, ne sont pas moins infaillibles, et c'est bien l'entreprise qui se trouve à la jonction des deux temps que nous mentionnions plus haut. Le temps circulaire et le temps linéaire se rencontrent donc dans le monde du travail, dans l'espace de l'entreprise. C'est désormais à l'entreprise de trouver les ressources, morales, sociales, et juridiques pour faire en sorte que la dynamique de ces deux temps ne nous ramène pas à une nouvelle tour de Babel, mais soit plutôt créatrice de tolérance et de reconnaissance.

Il est essentiel, à notre avis, que les relations entre cultures religieuses, cultures républicaines laïques et monde du travail n'empruntent pas leur vocabulaire à celui des conflits. De la laïcité de combat à l'affrontement des cultes, en passant par le rôle pacificateur du Conseil d'État, les rapports des religions et du profane ont toujours été abordés dans un esprit de lutte finale. Jean-Paul II, dans *Ecclesia in Europa*[1], rejetait déjà « *un type de laïcisme idéologique ou de séparation hostile entre les institutions civiles et les confessions religieuses* ».

Quant à la tolérance, lorsqu'elle est prônée, elle exprime l'inquiétude de voir grandir la colère des minorités religieuses ou diminuer l'influence des religions majoritaires. Les relations entre la sphère religieuse et la sphère profane sont en fait le reflet exact des relations entre la sphère privée et la sphère publique. Elles sont indissociables, et se nourrissent indéfiniment l'une de l'autre. Car l'homme est d'abord un être religieux, attaché avant tout à sa liberté de conscience. La responsabilité des acteurs sociaux et économiques qui se retrouvent finalement avec la charge de garantir cette liberté de conscience, est donc d'oublier la posture du conflit et d'adopter celle de la connaissance et de la reconnaissance.

Les efforts déployés pour ignorer l'existence même des réalités religieuses qui nous entourent sont surprenants d'ingéniosité. Les représentants de la Conférence des évêques de France expriment ainsi parfaitement cette « politique de l'autruche » en expliquant qu'il n'y a pas de différences à faire entre un aménagement du temps de travail pour qu'un salarié puisse prier et un aménagement consenti pour qu'un salarié puisse aller chercher ses enfants à la sortie de l'école.

Il existe pourtant une différence évidente entre une obligation religieuse et une obligation familiale ou sociale. De la même façon que personne ne peut se confesser à votre place, personne non plus ne peut prier à votre place, ou même célébrer une fête religieuse en votre

---

1. *Ecclesia in Europa,* Programme pastoral donné par le pape Jean-Paul II à Rome le 28 juin 2003.

nom ; alors qu'il est toujours possible de s'organiser de façon à ce que ses enfants soient pris en charge à la sortie de l'école. Le problème posé par les obligations religieuses est bien que personne ne puisse se substituer à l'action personnelle du croyant concerné. L'habillage civil de situations relevant en fait exclusivement du spirituel ne peut continuer longtemps à masquer la nudité de la République.

L'office des HLM suit d'ailleurs le système de pensée de la Conférence des évêques de France, en cherchant à organiser le temps de travail d'un musulman pratiquant en fonction non de sa liberté religieuse mais en s'appuyant sur l'expérience des mères voulant aller chercher leurs enfants à l'école durant leur temps de travail ou encore en cherchant à s'organiser dans le cadre de la loi liée à la paternité. Une logique qui confond maladroitement le droit à la différence et l'indifférence pure et simple des droits.

Un gardien d'immeubles de confession musulmane, résidant à Saint-Dizier, en Haute-Marne, avait en effet, en janvier 2005, assigné en justice son employeur, l'Office public des HLM de la ville, pour obtenir de pouvoir se rendre à la prière le vendredi pendant ses heures de travail[1]. Ce qui lui prendrait « *environ une heure et demie avec le temps des transports* », a indiqué la directrice de la gestion locative de l'Office public municipal des HLM. « *Nous avons fait savoir par courrier que nous n'étions pas en mesure de répondre favorablement, comme nous l'avons fait lorsque nous avons été saisis, par exemple, d'autres demandes de mères voulant aller chercher leurs enfants à l'école* », durant leurs heures de travail, a précisé la directrice de l'OPM. « *Cette autorisation d'absence ne serait pas compatible avec les exigences du service public* », a souligné l'avocat des HLM. L'Office des HLM se dit prêt néanmoins à considérer un aménagement du temps de travail à 80 % par exemple dans le cadre de la loi, lié à la paternité, mais affirme « *ne pas pouvoir concevoir des aménagements personnels* ». ▪

---

1. Voir AFP, 27 janvier 2005 : « Aménagement du temps de travail pour la prière : un office HLM en justice. »

Qui donc serait en droit de fixer le contenu et les limites de la liberté religieuse ? Selon l'opinion générale, la liberté de religion ne peut être reconnue que lorsqu'une personne a démontré son adhésion sincère à une pratique ou à une croyance associée à une religion. Il n'est d'ailleurs pas indispensable que cette démarche soit prescrite par un dogme religieux officiel, ce qui ouvre indirectement la porte aux pratiques sectaires. En fait, la difficulté pour le système de pensée républicain consiste à intégrer l'idée que la liberté religieuse repose non sur un dogme collectif mais sur une conception personnelle, subjective, et à la vérité insondable. Si l'affaire récente en Grande-Bretagne et au Québec, de ces sikhs qui tenaient à porter sur eux le *kirpân* (poignard considéré comme un des cinq signes que doit porter un sikh) pose de façon plus criante encore que le respect des temps de prières, le problème de la limite de la liberté religieuse. Certains citoyens seraient donc autorisés à porter une arme au motif de leur conviction religieuse et d'autres condamnés pour le même acte. Dans ce cas pourquoi ne pas accepter que pour des motifs religieux un homme puisse être polygame, une femme puisse être battue ou une fillette excisée. Il est donc évident que la liberté religieuse ne doit jamais outrepasser la loi ni créer des différences d'appréciation dans les actes commis. Rappelons simplement que le fait que des sikhs soient dispensés de porter un casque de chantier ou un casque de motocyclette est une atteinte à l'égalité des hommes devant la Loi[1]. Suffirait-il donc de se déclarer sikh pour avoir le droit de porter sur soi le poignard rituel *(kirpân)* alors que porter un poignard profane est interdit par la loi ? Suffirait-il de se dire musulman pour détourner la loi de la République et pratiquer la polygamie ? Et si vous êtes arrêté par un gendarme alors que vous conduisez votre motocyclette sans porter de casque, se déclarer sikh suffira-t-il à éviter une contravention ? Le droit à la différence ne peut donc pas instaurer une différence des droits, que ce soit dans la vie privée ou dans le cadre de l'entreprise.

---

1. *U.K. Employment Act 1989 ; Road Traffic Act 1989.*

Chapitre 8

Lois alimentaires et nourritures terrestres

La pratique religieuse s'arrête-t-elle à la porte des restaurants d'entreprise ?

Comment gérer le respect des lois alimentaires de certaines religions ? Aucun texte ne vient réglementer ces obligations, même si certaines circulaires recommandent d'en tenir compte, déplaçant alors la responsabilité d'action vers les acteurs économiques et sociaux.

Dans l'Armée, la nourriture halal est assurée, mais dans les prisons la situation semble plus complexe : si les musulmans reçoivent une alimentation sans viande de porc, il n'y a pas toujours de nourriture halal[1]. Aucune alimentation casher[2] n'est d'ailleurs fournie aux détenus de confession juive. Ceux-ci peuvent cependant se procurer de la nourriture casher, mais uniquement à leurs frais. L'administration pénitentiaire tend alors à privilégier les regroupements communautaires afin notamment de mieux gérer les obligations alimentaires des détenus.

---

1. La viande dite halal est issue de bêtes abattues selon les règles de l'islam donc propres à la consommation.
2. Casher, cacher ou encore *kosher* désignent l'alimentation apte à la consommation selon les lois bibliques et rabbiniques.

Dans un cadre plus général de restauration collective, aucune règle n'est instaurée. Ainsi, lorsqu'un repas lui est fourni gratuitement par son employeur, un salarié ne peut réclamer une indemnité se substituant à ce même repas pour se conformer, par exemple, aux obligations du Ramadan.

Un maçon a saisi la juridiction prud'homale pour obtenir paiement d'un rappel d'indemnité de repas, alors qu'il refusait de manger au restaurant afin de se conformer aux règles d'alimentation imposées par sa religion.

La Chambre sociale de la Cour de cassation a estimé en 2001 que, selon l'article 8-15 de la convention collective en vigueur, « *l'indemnité de repas a pour but d'indemniser le supplément de frais occasionné par la prise du déjeuner en dehors de la résidence habituelle de l'ouvrier ; que cette indemnité n'est pas due par l'employeur lorsque le repas est fourni gratuitement* ».

L'employeur fournissant gratuitement le repas en payant intégralement la note de restaurant des ouvriers en déplacement, cette solution permettait au salarié de choisir une alimentation conforme à sa pratique religieuse. La Cour en a déduit que « *ce dernier ne pouvait prétendre à l'indemnité de repas, nonobstant son refus de manger au restaurant* ». ▪

Dans le cadre de la restauration scolaire, le ministère de l'Éducation nationale a certes préconisé par voie de circulaire que soient prises en compte les « *habitudes et coutumes alimentaires familiales, notamment pour les enfants d'origine étrangère*[1] », mais cette préoccupation semble à la fois partielle et caricaturale. Certaines municipalités ont en effet invoqué des raisons financières pour ne pas prendre en compte les interdits alimentaires dans la gestion de leurs cantines scolaires. Pourtant, la planification et la gestion de plats alternatifs (c'est-à-dire sans porc ou préparés conformément aux règles d'abattage rituel de l'islam) ne semblent pas relever d'une difficulté particulière.

Jean-Arnold de Clermont, président de la Fédération protestante de France, nous a précisé que selon lui, « *la restauration se faisant toujours aujourd'hui en self-service, chacun doit pouvoir y trouver un choix*

---

1. Note de service 82 6598 du 21 décembre 1982.

conforme à ses convictions. L'armée française l'a compris depuis fort longtemps ! Un self peut toujours proposer un choix entre repas végétarien, viande ou poisson. »

En matière de lois alimentaires, l'islam reconnaît cependant le cas de nécessité, même s'il se veut exceptionnel. Ainsi, toutes les interdictions prescrites par le Coran sont en vigueur s'il y a un choix ; mais celui-ci de préciser dans la sourate 119 : « *Il vous a indiqué ce qui vous était interdit à moins que vous ne soyez contraints d'y recourir.* » Par ailleurs, la sourate 173 rappelle que « *nul péché ne sera imputé à celui qui serait contraint d'en manger sans pour cela être rebelle, ni transgresseur. Dieu est celui qui pardonne.* »

Les théologiens musulmans ont fixé les limites de cette nécessité, comprise au sens de « *faim* », à « *un jour et une nuit* ». Si l'homme ne trouve alors que des nourritures illicites (ce qui peut être le cas lors d'un déplacement professionnel ou sur un chantier), il peut en manger la quantité nécessaire pour éviter sa perte. L'imam Malik Ibn Anas[1] apporte cette précision : « *Il peut manger pour calmer sa faim jusqu'à ce qu'il trouve une autre nourriture.* » D'autres sages ont également indiqué que « *l'homme ne doit manger que ce qu'il faut pour se maintenir en vie[2]* », autrement dit sans trouver satisfaction dans ce qu'il mange, ni dépasser les limites de la nécessité. C'est en fait une façon de continuer d'être un bon musulman, sans pour cela se montrer rebelle ou transgresseur.

---

1. L'islam rassemble les droits et devoirs du musulman à l'égard de Dieu et de la société. Cet ensemble de normes constitue ce que l'on appelle le droit ou la charia. L'islam est par définition « *la soumission à la loi* ». Cette école juridique est le malékisme, par référence à l'imam Malik Ibn Anas qui vécut à Médine à la fin du Ier siècle et au début du IIe siècle de l'Hégire soit vers le VIIIe siècle de l'ère chrétienne.

2. Cf. Malik Ibn Anas, *Al-Muwatta*, éditions AL-Bouraq, 2004. Voir aussi le site *www.al-islam.org* qui permet de consulter l'intégralité d'un nombre important d'ouvrages sur la loi canonique dont *Al-Muwatta*, présenté comme étant l'ouvrage de Malik Ibn Anas, mais sans doute la compilation de son enseignement et de sa pratique par ses élèves.

Fouad Alaoui de l'UOIF estime lors de notre entretien que : *« pour le musulman, l'exigence n'est pas draconienne. Son alimentation doit satisfaire trois critères : absence de produits alcooliques ; absence de porc ; et absence de viande provenant d'animaux non sacrifiés selon les normes du "halal". La fourniture en viande halal ne pose aujourd'hui aucun problème en terme d'abondance, d'hygiène ou de qualité. C'est-à-dire que les trois conditions précitées peuvent être satisfaites facilement lorsque la bonne volonté existe, qu'il s'agisse de restaurants d'entreprise ou de cantines scolaires. L'entreprise doit être sensible au bien être de ses salariés et de leur épanouissement, et les habitudes alimentaires en font partie. »*

Dans le cadre scolaire, les cuisiniers et les gestionnaires de ces établissements se trouvent confrontés de plus en plus souvent au refus, par un nombre croissant d'élèves, de consommer toute viande non abattue selon le rituel religieux[1]. Ce mouvement s'est très vite répandu, souvent sous l'influence de garçons arrivant en sixième ou en seconde et qui – ne l'oublions pas – s'insèreront dans le monde du travail dans les années à venir.

Face à ces nouvelles problématiques, des comportements différents se font jour. Tandis que certains chefs d'établissement et gestionnaires jettent la viande non consommée (parce que non halal), d'autres proposent un menu végétarien ou du poisson de façon systématique. Jusqu'à ce proviseur qui a choisi de proposer de la viande halal à l'ensemble des élèves, provoquant d'ailleurs la démission de son gestionnaire[2]. Enfin, dans d'autres établissements scolaires, une ségrégation entre musulmans et non-musulmans a été instituée par la composition de tables distinctes avec des menus distincts. Avant-goût des effets pervers du tout-tolérant.

---

1. Voir Christine Clerc, « La vérité sur l'islam à l'école », *Valeurs actuelles*, 4 février 2005.
2. *Idem.*

Une enquête de consommation, conduite en juin 2005 au laboratoire d'anthropologie du CNRS par la sociologue Florence Bereaud-Blacker, durant le rassemblement annuel de l'Union des organisations islamiques de France, a montré que la consommation halal augmente et tend à se généraliser : « *Si 85 % des personnes interrogées mangent totalement halal*, précise Florence Bergeaud-Blacker[1], *il n'y aurait pas de corrélation entre le niveau de consommation et l'engagement religieux. En clair, ce n'est pas qu'une pratique d'exception liée au culte.* »

Les responsables d'entreprise doivent donc aussi prendre en compte cette réalité : la pratique religieuse peut ne pas être interprétée comme religieuse, mais bien plus sur le versant identitaire, parfois plus politique que spirituel. Le glissement de sens pouvant alors également se faire progressivement et de manière subtile.

Le jeûne, un problème médical ?

Durant le mois de Ramadan, les fidèles ne s'alimentent qu'après le coucher du soleil et avant l'aube. Il est possible que, selon leur profession, ces personnes de confession musulmane se trouvent dans l'incapacité physique d'accomplir convenablement et en toute sécurité les tâches demandées.

Si l'employeur est en droit de sanctionner un salarié qui ne se trouve pas volontairement en mesure de remplir ses obligations, il n'a aucune légitimité à le sanctionner si la carence est fondée sur un motif d'ordre médical. De son côté, le médecin du travail peut, en toute légalité, accorder, à la perspective d'un jeûne, un congé de maladie à cette personne, non au motif du jeûne lui-même, mais au motif des conséquences des privations. Le contrat de travail est donc suspendu pour la période concernée, le congé de maladie étant alors à la charge de la collectivité. Ne serait-il pas plus juste que les absences pour motifs

---

1. *Le Point,* 16 juin 2005.

religieux, fêtes ou jeûnes, puissent être inscrites au règlement intérieur d'une entreprise et, pour pouvoir être rémunérées ou considérés comme des jours chômés officiels ?

Les lois alimentaires ne sont pas un choix diététique

Tout le monde doit manger pour vivre, c'est un fait. Certains, pour des raisons de goût ou de régime alimentaire, choisissent des menus adaptés à leur choix de vie. Mais à aucun moment il ne faut considérer un choix comme une obligation. En effet, la différente réside bien en cela : celui qui respecte une loi alimentaire est tenu de le faire, au risque de se trouver retranché de l'histoire de sa propre croyance, et de sa propre destinée, durant sa vie et après sa mort pour l'éternité.

Sans vouloir interpréter à l'infini les origines et les sens de certaines pratiques religieuses, celles exprimées par les lois alimentaires concernent en fait toutes les religions, que l'on consomme du porc ou pas, que l'on suive les directives de la cacheroute, de l'halal ou qu'il n'y ait tout simplement pas de restrictions visibles. Car les lois alimentaires puisent leurs sources dans des faits indissociables et complémentaires.

La première de ces lois concerne au même titre le judaïsme, le christianisme et l'islam, puisqu'elle est née dans le jardin de la Création, lorsque Dieu interdit à Adam et à Ève de consommer le fruit de l'arbre de la Connaissance.

N'oublions pas que, jusqu'à l'épisode du déluge et de l'arche de Noé, l'homme ne consommait aucun animal, poisson ou oiseau. Le droit de vivre octroyé alors à l'humanité par le dieu biblique s'assortissait d'une obligation : celle de la loi alimentaire. Pour manger des animaux il fallait certes les tuer mais ce pouvoir de mort n'était octroyé, de façon restrictive, qu'à Dieu. Ces règles très précises sont instituées pour rappeler à l'homme que prendre la vie ne peut jamais être considéré comme un droit. En fait, dans la logique de l'alliance avec Noé, le respect de la loi alimentaire signe la garantie que Dieu respectera son accord et ne cherchera plus à exterminer l'humanité. Une des sept lois noachides n'est-elle pas l'interdiction de la cruauté envers les animaux ? Respectées ou non, ces lois alimentaires concernent donc l'ensemble des cultures religieuses d'essence biblique.

Une sanctification, non une interdiction chez les juifs

Prendre en compte la loi alimentaire juive dans la restauration collective peut s'avérer très complexe. En effet, certains interdits bibliques fixent les règles d'utilisation des aliments, telle la séparation des vaisselles, mais instaurent également des bonnes pratiques dans la manipulation et la consommation de ces mêmes aliments : présence de rabbin dans chaque boucherie, cuisine ou laboratoire pour veiller à la conformité de ces lois, exclusion ou restriction de la consommation de certains types d'aliments.

La Torah[1] interdit la consommation d'un grand nombre d'animaux à considérer comme « *impurs* » (Lévitique, chapitre XI, verset 44) : « *Je suis l'Éternel votre Dieu et vous vous rendrez saints, et vous serez saints car je suis saint et vous ne vous rendrez pas impurs par toutes ces bestioles qui grouillent sur la terre.* »

Ces exclusions sont les suivantes :

- pour les mammifères : ceux qui ne ruminent pas (le porc), ceux qui n'ont pas le pied corné et divisé en deux (le cheval) ;

---

1. La Torah, enseignement ou encore Loi, désigne dans un premier temps le Pentateuque, œuvre rédigée par Moïse, et désigne aujourd'hui dans un sens plus large l'ensemble de la loi biblique jusqu'à ses interprétations.

- pour les animaux aquatiques : les poissons qui n'ont pas de nageoires (la saumonette) ou d'écailles (l'anguille) ainsi que les mollusques et les crustacés ;
- parmi les oiseaux, seuls ceux des basses-cours sont considérés comme purs.

En outre, l'animal pur ne peut être abattu que par un *sacrificateur,* qui doit utiliser un couteau spécial parfaitement aiguisé et sans la moindre aspérité pour trancher d'un seul coup la majeure partie de la trachée-artère et de l'œsophage, sans faire souffrir l'animal. Quand le sang s'est écoulé, le sacrificateur procède à un examen minutieux afin de déceler toute anomalie qui rendrait l'animal impropre à la consommation. Il enlève aussi tout ce qui entoure le nerf sciatique. Pour éliminer le sang, on trempe la viande dans l'eau, puis dans le sel et on la rince.

Il est par ailleurs nécessaire de maintenir une stricte séparation entre les aliments carnés et lactés (Exode, chapitre XXIII, verset 19) : « *Les prémices de ta terre, tu les amèneras à la maison de l'Éternel ton Dieu, tu ne cuiras pas le chevreau dans le lait de sa mère.* » La viande ne doit donc pas être cuisinée avec du lait, de la crème ou du fromage. Prescriptions qui imposent finalement l'utilisation de deux jeux d'ustensiles de cuisine et de couverts, sans compter ceux nécessaires pour la célébration de Pâques.

La table du foyer juif a alors progressivement et symboliquement remplacé l'autel du Temple de Jérusalem détruit par Titus. Les lois alimentaires juives (la cacheroute) se perpétuent ainsi en dehors de lieux très précis, et leur mise en application dans les cantines ou sur les lieux de restauration collective peuvent poser des difficultés.

Ces lois, souvent mal comprises par les non-juifs, ne constituent pas des privations, mais bien un moyen de se sanctifier. À ce titre, ces interdits revêtent une importance aussi grande que la circoncision.

136

Une tradition, non une interdiction, chez les catholiques

Chez les chrétiens, en revanche, la consommation de certains aliments, notamment celle du poisson le vendredi, ne relève pas d'une loi alimentaire mais bien d'une tradition. En fait, même s'il existe des périodes de jeûne, il n'existe pas d'interdit alimentaire dans le christianisme. Dans la pensée biblique, si la loi alimentaire représente un moyen de se rapprocher de la sainteté, celle-ci est acquise par le sacrifice du Christ, qui a racheté les péchés passés et futurs par sa propre crucifixion.

La solution ne réside certainement pas dans l'application généralisée des lois alimentaires juives, musulmanes ou bouddhistes (végétariens) par l'ensemble de la restauration collective. Sinon la laïcité céderait à cet entrisme religieux évoqué plus haut, chaque système de pensée parvenant par la force des choses à élargir sa sphère d'influence. Il serait plus équitable cependant que les services de restauration collective offrent en amont ce service suivant la demande des entreprises, ou qu'en cas d'impossibilité une compensation financière soit consentie au salarié religieux afin qu'il puisse respecter les lois alimentaires exigées par son culte.

Ne pas prendre en compte ce droit à la différence revient à favoriser certains salariés au détriment d'autres. En fait, ici comme pour l'ensemble des réalités religieuses, les mesures prises au cas par cas risquent de créer à chaque fois un peu plus de discrimination, d'inégalité et de difficultés pour l'entreprise.

Chapitre 9

Vers des entreprises tribales ?

Les entreprises peuvent-elles imposer une philosophie à leurs employés ?

Le monde du travail risque de s'organiser de plus en plus régulièrement autour d'entreprises ethniques et confessionnelles à majorité juive, chrétienne, orthodoxe, catholique, protestante ou encore musulmane, qui apporteraient à leurs employés la garantie du respect de leurs convictions religieuses. Ces mêmes convictions ne seraient pas un obstacle à leur carrière.

Ces entités apportent, du fait de leur développement et de leur accroissement, une réponse instinctive à des besoins évidents de reconnaissance :

- le besoin de travailler dans un environnement compatible avec sa propre religion, relations entre l'homme et la femme, tenues vestimentaires, ports de signes et de symboles religieux ;
- l'exigence du respect des valeurs morales prônées par sa religion, mariage, non-divorce, refus de l'avortement, pudeur ;
- la volonté de pouvoir respecter les prescriptions de sa religion : alimentation, prières, fêtes religieuses, jeûnes, pèlerinages…

Le renouveau spirituel des chrétiens, par exemple, ranime le respect de valeurs et de fêtes chrétiennes. Certains tiennent désormais à se marquer le front d'une croix de cendres le premier jour de Carême ou à porter une croix de façon plus ostensible que cela n'était avant la problématique du foulard.

Les femmes portant le voile islamique, quant à elles, ont le plus souvent tendance à s'auto-exclure de toute progression de carrière et, pour ne pas se trouver contraintes de retirer leur voile, se maintiennent volontairement à des postes subalternes. Une situation conflictuelle qui les incite à choisir un environnement plus favorable à leur épanouissement professionnel. Un choix auquel doivent aussi faire face les sikhs, qui refusent d'enlever leur turban sur leur lieu de travail, ou les juifs qui préfèrent être libres de porter une kippa et de ne pas travailler le samedi.

Le communautarisme apparaît donc pour certains comme une solution rêvée, à travers la création de micro-sociétés qui semblent dotées des qualités et des défauts d'un environnement spiritualisé. Le prosélytisme pourrait d'ailleurs être inclus au bilan social de ces entreprises dont l'activité est menée au travers d'une philosophie religieuse, y compris dans des domaines supposés laïques.

Jusqu'à présent, la justice a considéré avec une certaine bienveillance ces entreprises dites avec beaucoup de pudeur de *tendance* (terme emprunté au droit allemand et à la notion de *tendenzbetriebe*). Brèche dans le postulat de neutralité et de non-discrimination du monde du travail, l'*entreprise de tendance* a pour vocation de défendre des principes idéologiques, philosophiques ou religieux, avec lesquels elle est en droit d'exiger que leurs salariés soient en harmonie. Les convictions religieuses deviennent alors une partie essentielle et déterminante du contrat de travail.

Le 19 mai 1978, la Cour de cassation a jugé que le licenciement, à la suite de son divorce, d'une institutrice employée dans un établissement privé n'était pas fautif, dès lors que les convictions religieuses avaient été incorporées dans son contrat de travail. Le divorce n'étant pas autorisé par la loi religieuse de l'établissement qui l'employait, l'institutrice aurait donc rompu son contrat moral avec son employeur. Cette brèche dans la vie privée d'un salarié est clairement discriminatoire puisque, à l'évidence, cette personne ne militait pas auprès de ses élèves pour les bienfaits du divorce. Comment ne pas s'inquiéter alors qu'un (ou une) salarié(e) puisse être licencié(e) pour son orientation sexuelle, ou pour avoir pratiqué une IVG, ou pour ne pas pratiquer l'abstinence hors du mariage ? La multiplication des entreprises de tendance est sans doute la porte ouverte à la remise en question de la liberté de conscience dans l'ensemble du monde du travail. ▪

En 1986, une enseignante de la faculté théologique protestante de Montpellier a été à son tour licenciée en raison d'un comportement incompatible avec les idées qu'elle était chargée de respecter : lorsqu'un employé a été engagé *« pour accomplir une tâche impliquant qu'il soit en communauté de pensée et de foi avec son employeur, il peut être licencié dès lors qu'il méconnaît les obligations résultantes de cet engagement »*[1]. ▪

Il est étonnant de constater avec quelle habilité le principe de non-discrimination est ainsi balayé d'un revers de main. L'établissement privé, qui a ainsi considéré qu'une institutrice divorcée n'avait pas sa place dans son entreprise, n'est sans doute pas enclin non plus à engager un professeur juif, musulman ou athée. La porte ainsi ouverte au non-respect de la liberté de conscience par un établissement, qu'il soit de *tendance* ou pas, représente un grave danger pour la laïcité, mais surtout pour la démocratie puisqu'il bafoue légalement ses principes les plus fondamentaux.

Un casse-tête juridique et humain

Dans le cas de ces entreprises de *tendance*, le Conseil d'État considère qu'une entreprise, en application des dispositions de l'article L. 122-34 du Code du travail, peut poser des règles qui devront être respectées,

---

1. Chambre sociale de la Cour de cassation, 20 novembre 1986, Bull. n° 555 ; DS 1987, p. 379.

s'il n'est pas porté atteinte à la liberté de conscience des salariés, et si les obligations sont proportionnées à la nature des fonctions exercées. Cette considération contraire aux décisions de justice citées précédemment donne aussi à voir une lecture partielle des réalités auxquelles le monde du travail va être de plus en plus souvent confronté. Le pasteur Jean-Arnold de Clermont, président de la Fédération protestante de France, n'a-t-il pas demandé une révision de la loi de 1905 afin qu'elle permette aux associations cultuelles des activités sociales et culturelles ? Allons-nous assister à la naissance d'entreprises mixtes, à la fois de *tendance* et laïques ? Sans aucun doute, un nouveau casse-tête juridique et humain pour les entreprises.

Lancée en novembre 2002, avec le slogan « *Buvez engagé, appréciez le goût de la liberté* », Mecca Cola est l'entreprise de *tendance* par excellence. Les groupes catholiques comme Bayard ou le journal *La Vie*, la presse juive (dont *Tribune Juive* ou *Actualité juive* font partie) n'ont pas encore franchi le pas de la bataille d'idées au business d'idées. Selon les propos de son fondateur, le Franco-Tunisien Tawfik Mathlouthi, rapportés par le quotidien *Haaretz* le 3 août 2004, Mecca Cola aurait engagé les consommateurs arabes israéliens à se « *libérer de l'hégémonie juive* » et « *à lutter de l'intérieur contre le sionisme* ».

La Mecca Cola Beverage Company assure d'ailleurs qu'elle consacre 10 % de ses bénéfices aux enfants palestiniens et une part égale aux associations caritatives européennes. La bouteille de soda islamique affiche donc son identité : elle est ornée d'un dessin vert de l'esplanade des mosquées de Jérusalem, ainsi que d'une phrase rédigée en arabe : « *Merci de ne pas mélanger avec de l'alcool* ». ▪

Jusqu'à ce que Mecca Cola arrive sur le marché, les entreprises de *tendance* se contentaient de gérer leur foi à travers les établissements scolaires privés et les activités qui en découlent. Mais la porte est désormais ouverte pour des entreprises alliant le capital, la philosophie et la religion. Ce qui constitue un nouveau casse-tête pour la liberté de conscience des salariés ainsi que pour la gestion des cultures religieuses en général.

Mecca Cola représente l'exemple même de l'entreprise communautaire, ethnique et confessionnelle. Une dérive qui risque de parvenir à morceler le paysage économique français en autant de fortins et d'avant-postes philosophico-politiques. Allons-nous désormais avoir droit à des entreprises commercialisant de l'eau minérale bénite dont les salariés devront faire preuve d'une morale exemplaire ? À quand donc des entreprises employant exclusivement des salariés conformes à l'image de leur morale ? Comment réagirons-nous à la première entreprise dont le personnel sera exclusivement blond aux yeux bleus, partageant des valeurs héritées de la légendaire Atlantide ? Une entreprise a-t-elle le droit, en se servant de *l'exception tendance,* d'employer exclusivement des chrétiens, des musulmans ou des juifs ?

Nous sommes face au développement d'une tendance jusque-là tolérée et qui concerne l'ensemble des religions et des systèmes de pensée : l'embauche d'employés dont le profil moral doit correspondre aux valeurs religieuses et philosophiques de l'entreprise, en excluant – quel que soit leur niveau de responsabilité – ceux ou celles qui ne répondent pas à ces critères (relevant pourtant de la vie privée et non des capacités professionnelles).

Le temps viendra peut-être où des consommateurs achèteront désormais des produits non pour leurs qualités, mais bien pour la religion, la morale ou les opinions politiques affichées par l'entreprise dont les salariés seront triés sur le volet. La logique inévitable – si nous acceptons de type de prosélytisme passif – sera de voir fleurir des labels de qualité garantissant la provenance des salariés des entreprises en question ! Un véritable cauchemar, pensez-vous, en souriant de cette caricature. Mais il n'y a pas si longtemps encore en Europe, le statut religieux d'un citoyen interdisait l'accès à certains métiers.

Avec la légitimation des entreprises de *tendance,* il s'agit pourtant bien d'une mouvance qui, aujourd'hui pour des raisons d'excès de tolérance, semble ne gêner personne. Pourtant, ce mouvement en faveur d'une sorte d'exception morale des entreprises porte en lui les pires excès. Et nous risquons de voir s'engouffrer dans la brèche ouverte par le traitement particulier des établissements scolaires privés à tendance religieuse et autres entreprises, mono-ethniques et mono-confessionnelles, des entreprises qui bafoueront de plus en plus ouvertement les principes de non-discrimination et de respect des droits fondamentaux des salariés.

La notion d'entreprise de tendance n'est pas récente, elle s'est progressivement dégagée depuis les années 1950 de l'idée d'entreprise *affinitaire*. Puis, même si la Chambre sociale, avec prudence, n'utilise pas l'appellation entreprise de tendance, sa notion a été reprise par la jurisprudence en se référant au caractère propre ou à la finalité de l'entreprise.

Professeur de droit public à Paris IX, François-Guilhem Bertrand, rattaché au laboratoire en Droit et Sociétés religieuses, a défini l'entreprise de *tendance* comme « *celle qui ne se contente pas de fournir des biens et des services… mais qui, au surplus, se réclame d'une philosophie qui n'est pas réduite aux prestations qu'elle fournit : elle a une finalité propre* »[1]. N'est-ce pas là une définition à la fois trop large et trop précise ? Car la plupart des entreprises ont une finalité propre, une philosophie qui fait partie de l'image qu'elles veulent projeter vers le public.

Une volonté d'exclusion

Alors où s'arrête la notion d'entreprise et où commence celle d'entreprise de tendance ? Cette notion inclut-elle les entreprises exclusivement féminines ou masculines, les entreprises marquées par une idéologie forte, marxistes, écologistes, gaullistes ou encore athées ? Une entreprise de tendance bénéficierait-t-elle d'un droit de discrimi-

---

1. Colloque organisé par le centre Droit et Sociétés religieuses : « Les motifs de licenciement dans les entreprises de tendance », cf. *L'année canonique*, 39, 1997, p. 155.

nation et par exemple de définir le profil moral de ses salariés, en refusant l'embauche de tout divorcé, de personnes ayant contracté un Pacs, ou encore en exigeant la virginité de ses collaboratrices, et la garantie qu'elles ne pratiqueront jamais d'IVG ? L'homosexualité pourrait-elle devenir légitimement un critère d'embauche, de refus d'embauche ou de licenciement ? Où commence la communauté de pensée et où s'arrête « *l'esprit* » d'entreprise ? En fait, l'esprit d'entreprise est fondé sur une volonté d'adhésion vers un objectif commun, sans prise en compte de la vie privée de ses collaborateurs, alors qu'une entreprise de tendance est animée par une volonté d'exclusion de ceux qui ne respectent pas dans leur conscience et leur vie privée des valeurs qui n'ont d'ailleurs pas de lien direct avec le professionnalisme d'un comptable, d'une réceptionniste ou d'un responsable financier.

Une sorte d'inquisition moderne

La notion d'entreprise de tendance se situe à l'opposé de la notion de non-discrimination. L'excès de tolérance crée ici encore une des pires intolérances, celle fondée sur le contrôle de la vie privée. Car en exigeant une adhésion spirituelle ou philosophique et des comportements en conformité avec ses valeurs y compris dans la sphère extra-professionnelle, il n'est pas seulement ici question d'une forme de règlement intérieur de morale, mais aussi de l'établissement d'une sorte d'inquisition « *moderne* », habilitée à juger de ce qui est bien ou mal, acceptable ou inacceptable avec pour unique référence des lois parallèles à la Constitution et au Droit du travail, et qui, dans le cadre de l'entreprise de tendance, seraient donc supérieures.

Faut-il être catholique croyant pour enseigner correctement la littérature dans une école privée ? Faut-il porter une barbe ou un voile pour être autorisé à enseigner l'histoire de l'islam ? Mais faut-il aussi ne pas utiliser de contraceptifs pour travailler dans une école privée catholique ou ne pas être juif pour collaborer à une entreprise faisant commerce avec les États du Golfe ?

La notion de *caractère propre* a d'abord été développée pour les établissements d'enseignement privé[1]. En 1990, le commissaire du gouvernement, Marcel Pochard, a émis l'idée suivante : le caractère propre de ces entreprises de *tendance* serait constitué de « *valeurs de base auxquelles ces établissements entendent se référer dans l'action éducative qu'ils se proposent de conduire et dans la vision de l'homme qu'ils se proposent de promouvoir* »[2]. Cette définition est encore plus terrible que la reconnaissance d'une culture religieuse, puisqu'elle étend le caractère propre à une sorte de morale. Certes, la Cour de cassation dans une affaire datant de 1991 a bien précisé que « *les convictions religieuses ou les mœurs ne peuvent constituer à eux seuls un motif de renvoi.* » Mais « *Il peut être procédé à un licenciement dont la cause objective est fondée sur le comportement du salarié qui compte tenu de la nature de ses fonctions et de la finalité propre de l'entreprise créé un trouble caractérisé au sein de cette dernière* »[3]. La jurisprudence du Conseil d'État ne va pas dans ce sens, puisque la notion de caractère propre ne fonctionne pas pour ce commerçant juif qui n'a pas la liberté de fixer dans son entreprise le repos hebdomadaire le samedi en lieu et place du dimanche, en invoquant les prescriptions de sa religion, même si la majorité de ses salariés suit la même religion.

Entre Décalogue et règlement intérieur

Afin de garantir le respect de la tendance de l'entreprise, l'employeur peut insérer les obligations doctrinales dans le règlement intérieur. Mais lorsqu'il s'agit d'établissements animés par une culture reli-

---

1. Loi Guermer, 25 novembre 1977 ; Loi Debré, 4 janvier 1989.

2. *Règlements intérieurs et obligation de respecter le caractère propre des établissements d'enseignement privé*, DS, 1990, p. 863.

3. Cas d'un sacristain d'Église, licencié en raison de son homosexualité, débouté par la Cour d'appel ; décision censurée par la Cour de cassation le 17 avril 1991 ; *Gazette du Palais,* 1991, 2, 474.

gieuse, ce règlement intérieur ne serait-il pas contraire à la liberté de conscience des salariés ? L'obligation de réserve des salariés ne se transforme-t-elle pas ici en un devoir d'adhésion ?

Le cas d'un surveillant juif[1] licencié pour n'avoir pas respecté le commandement religieux prohibant l'adultère[2] remet évidemment en question la frontière entre sa vie privée et sa vie professionnelle. Ce salarié, étant donnés son statut professionnel et les responsabilités religieuses qui en découlent, aurait dû, semble-t-il, faire preuve d'une piété exemplaire et donc accepter des restrictions à sa vie privée *« sans pouvoir se prévaloir de la liberté de vie privée pour conserver son emploi »*[3].

Une restriction pour le moins confuse si l'on en croit le cas d'un autre surveillant juif d'un restaurant dit cacher licencié pour avoir respecté la loi juive : il s'était absenté vingt jours pour les obsèques de son frère en Israël (conformément à la loi juive). L'employeur n'avait alors pris en considération que la durée légale des trois jours de congé autorisés pour un deuil familial. La Cour d'appel[4] a néanmoins considéré le licenciement injustifié, prenant en considération l'environnement spirituel de l'entreprise et le fait que le Consistoire de Paris avait mis un remplaçant à disposition de l'entreprise. ▪

Le licenciement d'une enseignante employée d'un établissement catholique pour s'être remariée après son divorce montre bien la confusion étonnamment entretenue entre devoir de réserve et devoir d'adhésion[5]. N'est-il pas incroyable qu'au nom des droits d'une entreprise dite de *tendance* soit aussi clairement bafouée la liberté

---

1. Le surveillant est chargé de contrôler le respect des règles de la cacheroute. Rabbin, il décide si les aliments sont propres à la consommation et émet généralement un certificat attestant le contrôle rabbinique. Ce contrôle est effectué autant dans les restaurants que dans les entreprises produisant des plats cuisinés.
2. Décalogue, VIIe commandement : « *Tu ne commettras pas d'adultère* ».
3. Conseil des Prud'hommes de Toulouse, 23 juin 1995, Cahiers prud'homaux, 9/1995, p. 159.
4. Décision de la Cour d'appel de Paris, le 25 mai 1990.
5. Assemblée Plen., 19 mars 1978.

constitutionnelle de se marier ? Jusqu'où peut nous mener cette logique ? Cet arrêt admet donc une restriction à la liberté constitutionnelle de se marier. L'employeur pourra-t-il finalement exiger que les salariés participent à des cérémonies religieuses de sa propre foi, même si ceux-ci sont agnostiques ou fidèles à un culte différent ? Et le salarié d'une entreprise de *tendance,* aux valeurs athées, pourrait-il être légalement licencié au motif d'avoir lors de son embauche dissimulé ses convictions religieuses ?

Un entrisme religieux affiché

En fait, la Justice gère au cas par cas les conflits dans les entreprises de *tendance.* La rencontre du droit et des lois religieuses crée une forme d'incompatibilité avec la Justice. Le plus souvent, les revendications animées par des lois intemporelles sont en contradiction avec les valeurs au présent, liées à la gestion des hommes.

Voici le cas d'un salarié d'une association catholique, licencié en raison de son homosexualité, *« condamnée depuis toujours par l'Église catholique ».* Monsieur P. employé en tant qu'aide sacristain de l'Église X. méconnaissait donc, selon son employeur et selon la Cour d'appel, *« ses obligations contractuelles ».* La Cour d'appel[1] débouta la demande du salarié de dommages et intérêts pour licenciement sans cause réelle et sérieuse au motif de son comportement.

Puis, la Cour de cassation donna raison au salarié, considérant que *« compte tenu de la nature de ses fonctions et de la finalité propre de l'entreprise »,* il n'avait pas créé un trouble caractérisé.

Depuis cette décision, si l'on considère que l'entreprise de *tendance* peut avoir des exigences propres, on peut croire qu'elle n'engage plus de plein droit l'obligation d'une communion de pensée avec l'employeur. ■

Les entreprises de *tendance* sont à l'évidence l'avant-poste des entreprises mono-confessionnelles. Première brèche dans la neutralité du

---

1. Cour d'appel de Paris, 30 mars 1990.

monde du travail, qui mènera naturellement à la multiplication d'entreprises tribales. Et ce n'est pas la Commission des communautés européennes qui va éviter cette dérive, puisqu'elle a proposé, dans le cadre d'un programme d'action communautaire de lutte contre les discriminations (2001-2006), que des différences de traitement soient autorisées lorsqu'une caractéristique constitue une exigence professionnelle essentielle pour le poste. Elle précise également : « *Il est évident que dans les organisations qui promeuvent certaines valeurs religieuses, certains emplois ou professions doivent être exercés par des salariés qui partagent les mêmes convictions religieuses.* »[1] Exit donc l'article 15 de la Convention 98, et la Convention 111 de l'Organisation internationale du travail, ratifié par la France, qui définit comme discrimination « *toute distinction, exclusion ou préférence fondée sur la race, la couleur, le sexe, la religion l'opinion politique ou l'origine sociale qui a pour effet de détruire ou d'altérer l'égalité de chance ou de traitement en matière d'emploi.* » Conventions complétées par la recommandation 119 du 26 juin 1963 interdisant de « *motiver un licenciement par des motifs religieux.* »

Les *entreprises de tendance* sont le résultat d'un entrisme religieux dans le monde de l'entreprise. Une contradiction avec les valeurs démocratiques qui risque de déborder de la culture religieuse pour envahir toutes les formes de communautarisme. Il faut donc dans ce domaine être encore plus vigilant que dans des domaines bien moins offensifs que le port d'une croix ou d'une barbe. La multiplication des *entreprises de tendance* finira par contraindre notre société à une logique identitaire et concrétiser le rêve de tous les intégrismes.

---

1. Le Parlement européen, le Conseil et la Commission ont mis en place des registres donnant accès aux références de documents tant publics qu'internes. Le règlement (CE) n° 1049/2001 régit l'accès du public aux documents. Lorsqu'un document détenu par une institution n'a pas été mis à la disposition du public, il peut être rendu accessible sur demande, sauf s'il est couvert par une des exceptions prévues dans le règlement.

Le pluralisme au service de chacun

Si les entreprises ne parviennent pas à harmoniser la liberté de religion et de conscience avec le monde du travail, nous verrons sans aucun doute fleurir des entreprises communautaires qui, naturellement, obtiendront les mêmes droits que les *entreprises de tendance*. Autrement dit, le droit de faire entrer l'entreprise dans la sphère religieuse et de prendre le risque que les lois religieuses finissent par primer sur le Code du travail ; ce qui marquerait la condamnation du concept de laïcité à la française et de neutralité de l'espace public avec l'apparition d'une société morcelée, *tribalisée*, revenue aux temps ancestraux où chaque activité était accomplie par des familles, regroupées par clan, puis par tribu, par quartier, par cité et enfin par nations. En fait, nous ferions un bond de cinq millénaires dans le passé.

Il faut donc éviter que les *entreprises de tendance* aient droit à une gestion privilégiée des convictions religieuses, et que puissent se développer des entreprises tribus bénéficiant d'un traitement différent en matière de droit du travail. Et pour cela, il faut d'abord donner aux entreprises, aujourd'hui, les moyens de gérer sereinement les convictions religieuses de leurs salariés, certes dans une vision égalitaire des employés également dans un esprit de tolérance mais avant tout de reconnaissance.

Parvenir à concilier la sphère religieuse et le monde du travail reste une préoccupation essentielle pour l'avenir des entreprises et pour leur bon fonctionnement, mais aussi sans doute pour le respect de la cohésion sociale de notre société. Réussir à mettre le pluralisme au service de chacun, et faire à nouveau de la laïcité un espace de liberté de conscience nécessite tout d'abord de connaître les réalités des spiritualités en présence, de pouvoir les apprécier au point d'en intégrer les principes pour mieux comprendre les femmes et les hommes qui en sont animés.

Chapitre 10

Face aux dérives sectaires

En introduisant dans cet ouvrage une réflexion sur l'espace de liberté de l'entreprise face aux sectes, ne tirons pas de conclusions hâtives : à savoir que les sectes seraient des religions à part entière. En fait, comme dans le domaine de la coexistence d'un monde profane et d'un monde spiritualisé, les relations entre les mouvements sectaires à forte teneur en mysticisme et le monde cartésien de l'entreprise demeurent encore floues. Reconnues ou non comme religions, les sectes mettent en place un fonctionnement calqué sur les mythologies, qui ont mené au développement des diverses Églises, Temples et autres systèmes de pensée. Cette apparente similitude entre sectes et religions impose que l'éventuel problème de la présence d'adeptes de sectes salariés dans une entreprise soit abordé dans cet ouvrage.

Les sectes, entre liberté de conscience et abus de confiance

Si le terme de secte est *a priori* empreint d'une connotation négative en France, rappelons néanmoins que toutes les sectes ne sont pas des groupes sectaires totalitaires. La plupart des mouvements sectaires sont généralement perçus, à tort, comme de nouveaux mouvements religieux. Principalement parce qu'adeptes et gourous s'appuient le plus souvent sur les textes fondateurs des principales religions monothéistes pour tenter de démontrer leur validité spirituelle. Il existe d'ailleurs, au sein de l'Église catholique, un service consacré aux questions pastorales, sectes et nouvelles croyances. L'Église exprime dans le quotidien *La Croix,* par la voix de Monseigneur Vernette, porte-parole de l'épiscopat français, une position proche de l'esprit du droit européen : « *On choisit de rejoindre l'expérience spirituelle souvent intense que vit l'autre, et on lui accorde le préjugé favorable de la sincérité avant de le déclarer systématiquement manipulé ou abusé.* »[1] Un point de vue entretenant malheureusement le brouillard qui enveloppe certaines activités sectaires.

À l'origine, le mot secte désigne un groupe d'inspiration religieuse qui s'est séparé d'un groupe plus large et fondateur pour suivre son propre chemin, exprimant et respectant une conception différente de la communauté de pensée originelle. L'Église catholique a long-temps utilisé le mot secte pour définir le christianisme émergent. En vérité, il n'était pas alors question de secte dans le sens de *secare,* c'est-à-dire « couper », « séparer », mais de mouvements de pensée, de tendances, de philosophies, plus proches de partis politiques que de nouvelles religions. C'est sur cette comparaison avec le destin du christianisme émergeant que les mouvements sectaires modernes se fondent pour démontrer la légitimité de leur action. Au sein du monde sectaire, il reste à pouvoir faire la différence entre les sectes qui respectent les individus, et ne constituent pas une menace, et celles, dites totalitaires, dont la dangerosité est démontrée.

Ces groupes totalitaires déguisés en mouvements philosophiques ou religieux, parfois aussi à connotation thérapeutique, ont en commun une volonté et une capacité à obtenir de leurs adeptes une allégeance inconditionnelle, exprimée notamment à travers la rupture avec leur environnement familial et sociétal. « *Sont définies comme sectes les groupes ou associations de structure totalitaire, déclarant ou non des*

---

1. Le 8 octobre 1998.

objectifs religieux, dont le comportement porte atteinte aux Droits de l'homme et à l'équilibre social »[1]. Telles étaient présentées les sectes dans la proposition de loi du 1er mars 2000.

En fait, un mouvement sectaire totalitaire et un culte religieux sont aussi opposés que Satan et l'Archange Gabriel. L'un a vocation à priver l'homme de ses libertés individuelles, l'autre, au contraire, a l'ambition de les lui apporter. Derrière les mirages spirituels des groupes sectaires se dissimulent de véritables objectifs de pouvoir, d'enrichissement et d'exploitation des adeptes. Les sectes, au-delà de la dangerosité qu'elles représentent pour leurs adeptes et leur environnement, constituent aussi « *d'importants réseaux d'insécurité, croisant souvent leur chemin avec des réseaux terroristes ou des filières de trafiquants de drogue*[2] », souligne le député Alain Gest, président de la Commission d'enquête parlementaire sur les sectes en France.

Le monde sectaire a donc une multitude de visages : groupes évangéliques et pseudo-catholiques, comme l'Église évangélique de Pentecôte de Besançon, l'Alliance universelle ou la secte Moon ; mouvements apocalyptiques tels les Témoins de Jéhovah ; mouvements néo-païens, comme l'Ordre monastique d'Avallon ou Clé de l'Univers ; mouvements orientalistes, d'inspiration bouddhiste, hindouiste ou taoïste, dévoyant en fait ces religions et ces doctrines métaphysiques, tels le Centre de méditation Mahatayama, la Fédération française pour la conscience de Krishna ou encore la Sokka Gakkaï ; mouvements occultistes qui reconnaissent des pratiques comme l'alchimie, la divination, la magie, la télépathie ou encore la nécromancie ; et évidemment les mouvements ufologiques croyant en la pluralité des mondes habités, tel le mouvement raëlien, qui avance que la baleine de Jonas était un sous-marin nucléaire, et la tour de Babel une fusée spatiale (dogme

---

1. Proposition de loi n° 2213 sur la protection des personnes vulnérables aux activités répréhensibles des sectes, par Jean Tibéri. Voir : *www.assemblee-nationale.fr*
2. Alain Gest, *Sectes, une affaire d'État*, L'Archer, 1999.

pour le moins surprenant, puisque l'on a retrouvé à Babylone les ruines d'Etemenanki, la fameuse tour de Babel). Avec 170 mouvements, 800 filiales, entre 160 000 et 200 000 adeptes, et 500 000 personnes concernées, l'importance de cette mouvance ne peut être négligée.

Malgré ces contradictions, malgré la position de la France dans ce domaine, le droit européen inclut les sectes dans les religions. L'article 9 de la Convention européenne des Droits de l'homme, qui garantit la liberté de pensée, de conscience et de religion sert aussi de socle à la légitimation de mouvements sectaires qui, une fois déboutés au niveau national, peuvent se pourvoir au niveau européen.

L'entreprise face aux mouvements sectaires

Le monde de l'entreprise n'a jamais été à l'abri des influences sectaires. Bien au contraire, l'entreprise constitue un terrain de conquête privilégié par les sectes totalitaires. Et la puissance financière de certains mouvements est en effet considérable. Le chiffre d'affaires de l'Église de Scientologie s'élevait dans les années quatre-vingt-dix selon le *Reader's Digest*[1] à 2,4 milliards de dollars, celui de la secte Moon à 5,4 milliards de dollars. Le patrimoine des Témoins de Jéhovah était estimé à 5 milliards de dollars. C'est dire si ces mouvements ne peuvent se passer de la sphère de l'entreprise pour survivre et se développer, afin de conquérir un réel pouvoir économique.

Gérard Cholvy[2] a rapporté le cas d'un de ses étudiants qui avait participé à un stage dans une usine IBM. Intégré à un atelier de trente techniciens

---

1. « The thriving cult of greed and power », article de Richard Behar paru dans *Time magazine* le 6 mai 1991, et repris en français par *Reader's digest*, sous le titre : « Scientologie, le culte de l'argent ».
2. Gérard Cholvy est historien, Professeur à l'université Paul Valéry de Montpellier. Il cite cet exemple en 1994 lors d'une conférence : « Réveil religieux et laïcité dans la France contemporaine ».

ayant à leur tête un ingénieur informaticien, il se serait trouvé invité à des « réunions intéressantes ». Il y alla. Il s'agissait de Témoins de Jéhovah, de cinq fidèles, dont l'ingénieur. Par la suite, un autre technicien lui proposa de participer à d'autres réunions. C'était, cette fois, la Méditation transcendantale et ils étaient trois à y participer, soit huit sur trente. ■

La formation est un vecteur de communication idéal utilisé par les mouvements sectaires.

La SGN, Société générale du nucléaire, filiale d'EDF, a été dans les années quatre-vingt-dix l'une des plus célèbres victimes de ces mouvements. Parmi les cabinets du réseau Eurisys, engagés par la SGN pour appliquer *sa « charte des valeurs »*, se trouvait *Game* et *Intellic Game Ingénierie* qui utilisait les techniques prônées par Ron Hubbard, fondateur de l'Église de Scientologie. L'antenne Rhône-Alpes de l'entreprise avait confié l'animation de stages de développement personnels aux entreprises PV Conseil et Otium qui appliquaient elles-mêmes la méthode AVATAR, créée par un responsable de l'Église de Scientologie américaine. Il faudra cinq ans aux syndicats, aux salariés et aux dirigeants d'EDF pour obtenir l'interruption de ces cycles de formations qualifiés alors de *« rituels de type mystico-religieux »* et qui coûtaient près de deux mille euros par formateur et par jour de formation. ■

Des entreprises infiltrées

L'entreprise est donc une cible privilégiée des mouvements sectaires. Et, c'est par le biais d'organismes de formation, de conseil et de recrutement que les sectes démarchent le plus souvent les entreprises, d'autant plus que les sommes en jeu sont considérables (environ 7 milliards d'euros par an). À travers ces entreprises infiltrées, les sectes peuvent alors développer un pouvoir économique actif, étendre une forme de contrôle occulte mais aussi direct sur le fonctionnement de ces mêmes entreprises, influencer des cadres et des entrepreneurs qui leur permettront d'acquérir la reconnaissance et la respectabilité dont elles ont besoin pour convaincre de nouveaux adeptes et augmenter leur chiffre d'affaires. Les sectes peuvent par ailleurs compter sur l'aide d'adeptes déjà salariés de l'entreprise infiltrée et ceux-ci deviennent des relais efficaces, dès lors qu'ils occupent des postes à responsabilité. L'occasion est alors belle pour la secte d'avoir accès aux dirigeants ainsi qu'à des fichiers et, par-là, d'avoir les moyens de prendre le contrôle de l'entreprise[1].

Le cas d'une consultante en ressources humaines licenciée pour avoir dénoncé les dérives sectaires de l'entreprise qui l'employait a montré récemment que l'influence des mouvements sectaires prend presque naturellement la filière de la formation en entreprise et celle de l'emploi.

Manuela D., employée par la société X., spécialisée dans le reclassement des demandeurs d'emploi, s'aperçoit qu'un intervenant extérieur, au demeurant se présentant en tant que psychologue mais non diplômé, s'appuie pour son travail sur la « *Méthode Silva de contrôle mental* », citée d'ailleurs dans le rapport 2001 de la mission interministérielle de lutte contre les sectes. La jeune femme alerte son employeur par le biais d'un mémorandum confidentiel sur l'aspect sectaire de ces séminaires de développement personnel. Deux jours après, Manuela D. est licenciée.

Finalement, le Conseil des prud'hommes de Nantes, puis la Cour d'appel de Rennes ont donné raison à la jeune femme et condamné la société X. à lui verser 29 000 euros de dommages et intérêts et d'indemnités compensatrices, ainsi que 10 000 euros au titre du préjudice moral. ■

En décembre 2003, la Chambre sociale de la Cour de cassation rendait son arrêt concernant les salariés licenciés par la société Y. Neuf des onze commerciaux avaient en effet été remerciés à la suite de l'expression de leurs inquiétudes concernant le contenu d'un séminaire qui leur apparaissait de nature sectaire. Certaines réunions de travail aboutissaient selon eux à des séances d'auto-culpabilisation publique et aux pleurs de certains

---

1. Se reporter à l'UNADFI, Union nationale des associations de défense de la famille et de l'individu.

participants. En fait, les animateurs des séminaires étaient membres de l'association ACC, Au cœur de la communication, répertoriée par une commission d'enquête parlementaire belge comme une association à pratiques sectaires.

La Cour de cassation a donc considéré que les « *salariés pouvaient nourrir de légitimes inquiétudes quant au contenu des séminaires* » et a rejeté le pourvoi de la société Y., condamnée au préalable par la Cour d'appel de Versailles à verser au plaignant 27 440 euros à titre de dommages et intérêts, ainsi qu'une indemnité de 610 euros, et à rembourser aux organismes concernés les indemnités de chômage payées par eux à la suite de ce licenciement abusif. ■

Le salarié a donc toute légitimité à s'inquiéter de dérives sectaires survenant dans l'entreprise qui l'emploie. Cependant, il est incontestable que l'entreprise se trouve pratiquement impuissante devant un salarié ou un collaborateur dont elle découvre l'appartenance à un mouvement sectaire. Tant que l'entreprise ne peut démontrer être pénalisée par cette situation, il reste difficile de procéder au licenciement de la personne concernée. En fait, la gestion de cette crise se trouve, tout comme la gestion des cultures religieuses, à la croisée de réalités, autant incontournables que parfois contradictoires : le principe indiscutable de non-discrimination, le droit inaliénable de conscience ainsi que le fonctionnement harmonieux d'une entreprise dans l'intérêt collectif.

À l'heure d'une Union européenne élargie, il paraît indispensable de prendre conscience que les mouvements considérés comme sectaires en France sont parfois reconnus comme des religions à part entière dans d'autres États.

Voici le cas d'un membre de la secte des Raëliens qui avait demandé un jour de congé religieux. Une première décision du préfet de police en date du 22 janvier 1996 avait refusé au plaignant (gardien de la paix de son état) de lui accorder les autorisations d'absence sollicitées pour les fêtes organisées par le mouvement raëlien, au motif que ce type d'exemption n'est applicable en l'état actuel des textes qu'aux cultes orthodoxe, musulman et juif.

Le jugement en appel a estimé qu'en se bornant à opposer un tel motif, aucun texte ne permet de limiter aux fonctionnaires croyants de l'un de ces trois cultes la possibilité de bénéficier d'absence pour fêtes religieuses, et notamment pas la note de service du préfet de police du 30 octobre 1995 relative aux autorisations d'absence pouvant être accordées à l'occasion des principales fêtes religieuses des différentes confessions pour l'année 1996. Le préfet de police avait donc « *entaché sa décision de refus d'une erreur de droit* ». Le pouvoir d'appréciation dont dispose l'administration ne pouvait être ici utilement invoqué devant le juge. Que le mouvement raëlien soit classé comme secte par un rapport parlementaire n'était donc pas un motif suffisant pour refuser un traitement égal aux membres des cultes religieux « *reconnus* ». Le jugement du tribunal administratif de Paris en date du 3 juin 1999 et la décision du préfet de police en date du 22 janvier 1996 ont donc été annulés. ■

Quelle distinction entre un mouvement sectaire inoffensif et une secte totalitaire ?

Comment donc définir une secte ? Qu'est ce qui est sectaire et qu'est ce qui ne l'est pas ? Quelle philosophie est acceptable ? Quelle philosophie doit être bannie de notre organisation sociale ? Cette problématique trouve son origine dans les rapports qu'entretiennent la société et le monde du travail, par l'intermédiaire de signes et de cultes religieux acceptés ou non. Poser ici la question n'est certainement pas un commencement de justification pour les sectes dites totalitaires.

Éditeur du *Rapport parlementaire sur l'état des sectes en France*[1], puis de *Sectes une affaire d'État*[2] d'Alain Gest ou encore *Les sectes mangeuses d'hommes*[3] de Max Bouderlique, notre position sur l'importance de la lutte contre les sectes n'est certainement pas à démontrer.

---

1. *L'état des sectes en France*, rapport parlementaire, Éd. Patrick Banon, 1996.
2. Alain Gest, *Sectes, une affaire d'État*, L'Archer, 1999.
3. Max Bouderlique, *Les sectes mangeuses d'hommes*, L'Archer, 1999.

À travers le prisme des mouvances sectaires, nous nous posons la question de savoir comment offrir à un salarié la possibilité de pratiquer son culte de façon égalitaire dans un espace compatible avec les intérêts fondamentaux de l'entreprise.

Le tribunal administratif de Versailles a jugé, le 7 février 1997, que le retrait d'un agrément d'assistante maternelle par un président de Conseil général à une personne pratiquant le prosélytisme sectaire « *ne méconnaît pas la liberté de religion ni le principe de laïcité.* » ▪

La Constitution de 1946 annonce dans son préambule : « *Nul ne peut être lésé dans son travail ou dans son emploi en raison de ses origines, de ses opinions ou de ses croyances.* » Il est évident que ce postulat ne s'applique pas à des associations criminelles, des associations de malfaiteurs, de terroristes ou encore de pédophiles. Mais alors, même en considérant la liste des mouvements sectaires dressée dans le rapport parlementaire, comment l'entreprise peut-elle décider de ce qui est sectaire et de ce qui ne l'est pas ?

Le Rapport de la mission interministérielle de lutte contre les sectes du 30 décembre 1999 définit comme secte, « *une association de structure totalitaire, déclarant ou non des objectifs religieux, dont le comportement porte atteinte aux Droits de l'homme et à l'équilibre social* »[1]. Ces sectes absolues rejettent les normes de la démocratie et propagent une anti-culture et pour certaines, la préconisation ouverte du racisme.

Le Père Trouslard, éminent spécialiste de ces questions, avait proposé une définition fondée sur une triple nocivité : un conditionnement du savoir, du comportement et des relations affectives ; une atteinte destructive de la personne, de la famille et de la société ; une escroquerie intellectuelle, morale et financière[2].

---

1. *La Mission interministérielle de lutte contre les sectes,* rapport sous la présidence d'Alain Vivien, La Documentation française, 2002.
2. Max Bouderlique, *Les sectes mangeuses d'hommes,* L'Archer, 1999.

L'Union nationale de défense des familles et de l'individu, quant à elle, classe les sectes en trois catégories :

* les plus dangereuses, les sectes absolues qui rejettent les normes de la démocratie et propagent une anti-culture fondée sur le primat d'une élite formée dans le dessein de dominer le reste de l'humanité et pour certaines sur la préconisation ouverte du racisme ;
* les groupes sectaires agissant en permanence aux marges de la légalité et disposant d'une organisation forte ;
* les mouvements dont le fondement philosophique ou religieux est incontestable mais dont certains comportements sont attentatoires aux libertés, aux Droits de l'homme ou encore aux principes constitutionnels et aux lois.

Uniformiser les critères européens

Face à l'émergence de ces problématiques, il est apparu nécessaire d'harmoniser des critères afin de mieux comprendre, combattre et suivre ce phénomène. Pour gérer le phénomène sectaire, qu'il soit classique ou totalitaire, l'entreprise, à l'heure d'une Europe élargie, a aussi besoin d'une uniformisation des critères internationaux. En effet, selon un responsable du ministère russe de l'Intérieur, quelque 3 à 5 millions de Russes seraient adeptes de sectes totalitaires. Et si les Jésuites ne sont pas reconnus en Russie comme religion, les Témoins de Jéhovah ont reçu cette reconnaissance en 1999. La Bulgarie a également reconnu les Témoins de Jéhovah comme religion à part entière en mars 1998. Le dernier rapport du ministère de l'Éducation bulgare confirme notamment que les programmes d'éducation mis en place par l'Église de Scientologie ont obtenu une reconnaissance officielle. En Pologne, cent signatures suffisent pour fonder un nouveau culte et exonérer d'impôts leur organisation : une tentation à l'évidence plus souvent mercantile que spirituelle.

Le ministère des Affaires religieuses danois, qui avait à se prononcer sur la demande faite par la Scientologie d'être reconnue comme communauté cultuelle, n'a pas rejeté cette demande, mais, en avril 2000, l'a simplement reportée. Fin 1999, la Suède a voté une loi promulguant la séparation de l'Église et de l'État ; l'Église luthérienne étant en effet partie prenante de l'État depuis 1520. Cependant, chose inattendue, le vote de cette loi a conduit à la reconnaissance automatique de la Scientologie en tant que religion. Cette décision signifie par exemple que l'Église de Scientologie serait autorisée, entre autres, à bénir des mariages. Plus proche de la France, la Constitution italienne précise dans son article 8 : « *Les confessions religieuses autres que catholiques ont le droit de s'organiser elles-mêmes si elles ne sont pas en contradiction avec l'ordre légal italien.* »

Selon Viviane Redding, ancienne membre du Parlement européen, « *le Grand-duché de Luxembourg abriterait une quarantaine de sectes* ». Elle a d'ailleurs dénoncé, lors d'une conférence de presse, la connivence entre certains cercles de la communauté et les sectes, et déclaré que de nombreuses personnalités du Parlement et de la Commission étaient membres de sectes.

Pas de permissivité inconditionnelle

Le rapport paru en 2000 sur « Les groupes de religiosité alternative » a recensé en Italie 137 sectes regroupant 83 000 adhérents. Et les Témoins de Jéhovah viennent d'être reconnus comme religion par l'État italien. L'article 9 de la Déclaration des Droits de l'homme, qui stipule que « *nul ne doit être inquiété pour ses opinions, même religieuses, pourvu que leur manifestation ne trouble pas l'ordre public* », reste le fer de lance des mouvements sectaires, convaincus que la laïcité les traiterait de façon discriminatoire. Pourtant, la liberté de culte garantie par la laïcité n'est pas l'expression d'une permissivité inconditionnelle, l'ordre public devant rester le ferment d'une véritable harmonie sociale. L'argumentation des sectes est claire : puisque nous nous intitulons « Église » ou « communauté religieuse », pourquoi n'aurions-nous pas droit au même traitement que les cultes traditionnels ?

En fait, le droit à la différence ne doit pas mener à la différence des droits. Au-delà des mouvements sectaires, au-delà des religions reconnues, c'est la responsabilité démocratique de la protection des individus et de la primauté de l'intérêt collectif qui se trouve engagée. La différence des droits revendiquée par tout mouvement sectaire totalitaire conduirait à un morcellement de la démocratie et à l'avènement d'une justice inéquitable, calquée sur la tribalisation des valeurs. Une logique contradictoire de la lecture des textes bibliques et de ceux qui en sont inspirés, puisque le premier commandement de la loi noachide prescrit la recherche de la justice et l'établissement, dans chaque ville, d'un tribunal civil.

Cette réflexion pourrait d'ailleurs tout aussi bien s'appliquer à la gestion des cultures religieuses reconnues et véritables, dont les croyants seraient tentés d'étendre leur système de pensée à d'autres. Face aux mouvements sectaires, l'entreprise se retrouve donc dans la même situation d'incapacité à agir que face aux cultures religieuses. Dans le premier cas, l'entreprise n'a pas les moyens de gérer le conflit d'intérêts existant entre l'adepte qui privilégie les intérêts de son groupe et le salarié qui devrait privilégier les intérêts de l'entreprise qui l'emploie ; dans le second cas, elle n'a pas plus les moyens de gérer l'harmonisation des droits de ses salariés à respecter les règles de leurs cultes.

Une religion reconnue peut faire l'objet d'une dérive sectaire

On peut se poser la question de savoir comment aborder les membres de religions véritables dont l'attitude est à connotation sectaire. Comment alors gérer la situation née d'un comportement issu d'une religion reconnue en tant que telle, mais qui a toutes les caractéristiques d'une posture sectaire ?

162

On peut également interroger cette problématique sur l'angle des rapports d'égalité entre l'homme et la femme.

Quand il s'agit de prosélytisme, l'entreprise se trouve à la merci des fidèles, puisque la liberté de culte implique la liberté d'expression de ce culte. Par ailleurs cette liberté qui prévoit l'égalité dans l'expression de ce culte prévoit aussi l'égalité entre l'homme et la femme. C'est un pilier fondateur du monde du travail. Comment gérer alors des convictions religieuses en contradiction avec ce commandement républicain ?

Il est d'ailleurs essentiel de rappeler que l'inégalité entre les sexes n'est pas issue des textes bibliques dont se réclament les trois religions monothéistes.

N'oublions pas, par exemple, que la notion de monogamie est pourtant née avec le monothéisme et l'idée biblique de mariage entre Dieu et de son peuple. Une divinité unique, une alliance unique et une union avec un seul peuple, puis une humanité devenue à son tour unique. La place de la femme dans la pensée religieuse est donc bien plus égalitaire que certains ne le voudraient.

Selon la Genèse, Dieu créa l'homme à son image, c'est-à-dire masculin/féminin. Mâle et femelle sont donc nés du même souffle, à égalité dès leur création. Ensuite, l'idée chrétienne qu'Ève serait née de la côte d'Adam en fit un être de seconde catégorie, puisque l'homme serait seul né directement de Dieu. Une légende lourde de conséquences, puisque c'est une erreur de traduction et d'interprétation qui remplaça *« nés à côté »* par *« née de sa côte »* et fit son chemin jusque dans l'islam. En fait, la notion démocratique d'égalité entre hommes et femmes est donc plus juste spirituellement que certaines interprétations religieuses.

Mais il est un autre domaine également concerné : celui de la religion même et de l'égalité des gens dont le rôle consiste à la faire connaître, à l'enseigner et à la dire. Ainsi en est-il des hommes et des femmes d'Église.

L'article 16 de la Déclaration universelle des Droits de l'homme stipule bien qu'« *à partir de l'age nubile, l'homme et la femme, sans aucune restriction quant à la race, la nationalité ou la religion, ont le droit de se marier et de fonder une famille* ». Qu'en est-il donc, à la vue de cet article, du droit des prêtres à se marier tout en conservant leur emploi ? Comment la société française peut-elle accepter – sans même en débattre – des pratiques de la vie cloîtrée des carmélites : une jeune fille qui vit coupée du monde, travaillant sans recevoir de salaire, contrainte à des jeûnes répétés et à des prières récitées plusieurs fois par nuit, interdite de mariage et obligée de chasteté serait-elle considérée, par un juge, victime d'une manipulation sectaire ? Où se trouve la frontière entre le groupe « *religieusement correct* » et la secte ?

Les valeurs de certaines religions vont parfois à l'encontre des Droits de l'homme, prenant alors une posture sectaire, notamment par contradiction avec des valeurs démocratiques. De même que l'intégrisme est une religion à part entière, en réalité séparée de la religion mère, aucun mouvement de pensée ne se trouve à l'abri d'une dérive sectaire. Il suffit d'imposer à ses adeptes des règles en contradiction avec les lois de la République pour passer d'une religion à une secte, ou d'une association culturelle à une association de malfaiteurs. La frontière entre liberté de conscience et mouvement sectaire se trouve ainsi définie par les lois de la République.

Si les difficultés peuvent apparaître dans les rapports homme-femme, elles peuvent aussi prendre racine dans des problématiques religieuses en relation avec l'argent. Ainsi, dans le rapport avec les structures économiques, certaines prescriptions peuvent aussi avoir une dimension sectaire, comme celle de la limitation biblique de la propriété d'un bien et notamment d'une terre ou d'une habitation à quarante-neuf ans. L'interdiction de bénéficier d'intérêts sur un prêt oblige les organismes concernés des pays musulmans à des prouesses comptables. La majorité des membres du Conseil européen des fatwas et de la recherche a en effet abouti aux conclusions suivantes : « *L'intérêt fait partie des sept calamités et figure parmi les péchés capitaux qui encourent la colère de Dieu… Les intérêts bancaires sont interdits pour le musulman…* »[1] Prescription qui peut s'avérer incompatible avec l'exercice de nombreuses responsabilités au sein d'une entreprise, comptabilité, mais aussi achats ou direction financière, mais qui, à l'évidence, n'est pas respectée à la lettre par la communauté musulmane à travers le monde. Des systèmes sont d'ailleurs mis en place par les organismes financiers pour remplacer les intérêts liés à l'emprunt consenti pour l'achat d'une maison par la marge bénéficiaire générée par l'achat fictif et la revente du bien à l'emprunteur, majoré d'un profit équivalant au montant des intérêts religieusement illicites.

L'entreprise peut avoir maille à partir avec des idées religieuses, l'expression de ces mêmes idées ainsi que leur implication sur leur mode de fonctionnement de l'entreprise, que ce soit dans le domaine des relations humaines ou de la gestion financière. Les phénomènes religieux convoquent donc de nombreux domaines de la vie économique et sociale de l'entreprise, et viennent parfois aussi gripper ses rouages.

Aussi reste-t-il à l'entreprise de se doter de moyens nécessaires au maintien de sa cohésion sociale. Une entreprise qui sait intégrer et promouvoir des salariés issus de cultures différentes consolide la cohésion de ses ressources humaines et développe la dynamique collective essentielle à sa réussite. Il est donc évident qu'une meilleure gestion des cultures religieuses est un élément indissociable de cette volonté de pluralité.

Il existe, il est vrai, des terrains sur lesquels les valeurs républicaines savent s'imposer. Un salarié ne peut, par exemple, se soustraire à la visite médicale obligatoire en invoquant ses convictions religieuses.

------

1. Le Conseil européen des fatwas et de la recherche a publié aux éditions Tawhid en 2002, ses *Avis juridiques concernant les musulmans d'Europe*.

Le cas échéant, une femme musulmane devra donc accepter d'être auscultée par un médecin homme et devra si nécessaire retirer son voile. Être clair sur l'établissement de garde-fous laïques, sans privilégier une religion sur une autre, et sans laisser les lois spirituelles modifier les lois de la République, permettrait sans aucun doute une plus saine expression des cultes religieux dans le monde du travail.

Face aux réalités invisibles

Entre discrimination, tolérance et devoir social

La loi promulguée le 9 décembre 1905 sur la séparation des Églises et de l'État constitue pour beaucoup la clé de voûte de la laïcité. En fait, c'était sans doute une trêve plus qu'un traité de paix entre la France près de deux fois millénaire de l'Église catholique d'alors et la jeune France du droit régalien. L'État se voulait garant du périmètre d'expression des religions : il s'en est suivi une guerre froide. La force de dissuasion, pour éviter le conflit ouvert, résidait dans la menace de disparition du creuset républicain, cette fameuse capacité d'intégration de la nation française à faire de tous quelles que soient leurs origines et leurs croyances des descendants de Clovis et de Clotilde.

Dans le monde du travail, la plus grande difficulté consiste à réussir à concilier la force obligatoire d'un contrat de travail et la liberté de culte. La Cour de cassation a généralement choisi de privilégier la laïcité du contrat de travail à la liberté religieuse. Mais alors comment faire respecter le principe de non-discrimination ?

« Nul ne peut être lésé dans son travail ou dans son emploi en raison de ses origines, de ses opinions ou de ses croyances », annonce le préambule

de la Constitution de 1946. L'article L. 122-45 du Code du travail interdit toute mesure discriminatoire fondée sur des convictions religieuses. Alors comment gérer la tenue vestimentaire des employés d'une entreprise, quand leurs habits sont des signes ou des symboles de ces mêmes croyances ? Du turban sikh au foulard islamique en passant par la kippa, la question n'a pas encore été clairement tranchée. D'autant que la Recommandation de l'Organisation internationale du Travail n° 119 (26 juin 1963) interdit de motiver un licenciement par des motifs religieux[1]. La situation est d'autant moins claire que l'article 18 de la Déclaration universelle des Droits de l'homme recommande : « *La liberté de manifester sa religion ou sa conviction (...) par les pratiques, le culte et l'accomplissement des rites...* » La liberté de religion, si elle relève d'abord du for intérieur, implique donc également celle de manifester sa religion individuellement et en privé, de manière collective, en public et dans le cercle de ceux dont on partage la foi. Une réalité à laquelle les entreprises doivent pouvoir faire face, de façon démocratique et neutre, sans pour autant remettre en cause la cohésion sociale de l'entreprise.

Pas de conviction religieuse dans le cadre du contrat de travail

En matière d'obligation professionnelle, la Cour de cassation a estimé par jugement du 24 mars 1998 que l'engagement contractuel d'exécuter une prestation l'emporte sur l'invocation de prescriptions religieuses : « *Si l'employeur est tenu de respecter les convictions religieuses de son salarié, celles-ci, sauf clause expresse, n'entrent pas dans le cadre du contrat de travail et l'employeur ne commet aucune faute en demandant au salarié d'exécuter la tâche pour laquelle il a été embauché, dès l'instant que celle-ci n'est pas contraire à l'ordre public* », a estimé la Cour.

---

1. Georges Dole, *La liberté d'opinion et de conscience en droit comparé du travail*, Bibliothèque de droit social, 1997, p. 15.

Un salarié musulman travaillant au rayon boucherie d'un magasin d'alimentation n'avait donc aucun droit à refuser de manipuler de la viande de porc. Le fait que le salarié était affecté à ce poste depuis deux ans a été pris en compte dans la décision de la Chambre sociale de la Cour de cassation[1], considérant que l'employeur de commet pas de faute « en demandant au salarié d'exécuter la tâche pour laquelle il a été embauché, dès l'instant que celle-ci n'est pas contraire à l'ordre public ». ■

Dès son embauche, cet employé a peut-être évité d'être au contact avec la viande de porc : cet élément n'a peut-être pas été pris en compte. Il n'est pas dit non plus si le salarié a été alors obligé d'accepter son transfert vers un autre service. La Justice a voulu exprimer ici que les convictions religieuses n'entrent pas naturellement dans le cadre d'un contrat de travail. Y compris lors de crises de foi inattendues.

Point de conviction religieuse donc dans le contrat de travail : est-ce juste ? Et surtout un tel postulat est-il conforme à la réalité du monde du travail ? L'article 1134 du Code civil stipule que *« les conventions légalement formées tiennent de loi à ceux qui les ont faites »*. Un futur employé est-il en situation, lors de son embauche, d'inclure ses particularités religieuses sans risquer de décourager son employeur ? D'ailleurs débattre de ces obligations de conscience n'est-il pas contradictoire avec l'interdiction d'un employeur de demander à connaître les orientations spirituelles, philosophiques ou politiques d'un futur collaborateur ?

Dans cet esprit, la Cour de cassation a statué le 17 octobre 1977 que *« le licenciement d'un salarié ayant dissimulé lors de son embauche sa qualité de prêtre, sans rapport avec l'emploi sollicité, est abusif. »* Question qui, par ailleurs ne regarde pas l'Église, mais bien le droit de tout individu, quel que soit son engagement religieux à travailler. Travailler

---

1. Cassation soc., 24 mars 1998.

et se marier sont un peu des droits constitutionnels, ce qui dans certains cas est en contradiction évidente, et acceptée, avec certaines lois religieuses.

Un salarié ne peut réclamer un traitement de faveur fondé sur ses convictions religieuses, situation contradictoire avec la nécessité de ne pas léser une personne dans son travail en fonction de ses croyances. Le terme qui revient le plus souvent dans le cadre des relations des cultures religieuses avec le monde du travail est celui de « *conciliation* ». Ce qui signifie simplement que l'entreprise se trouve désormais seule responsable du maintien de la concorde et de l'égalité entre ses employés.

Comment donc inclure dans le règlement intérieur de l'entreprise ou dans le contrat de travail une clause particulière permettant la prise en compte des revendications religieuses d'un futur salarié comme, par exemple, l'autorisation de prières à heures fixes ou l'autorisation de s'absenter aux dates des fêtes religieuses ?

Une telle clause fixerait pourtant démocratiquement et de façon neutre les termes de la relation entre le monde religieux et le monde du travail. Mais comment éviter alors l'inégalité de traitement à l'égard des autres employés de l'entreprise ? Comment éviter le piège de la discrimination au moment de la préparation du contrat de travail ?

Fouad Alaoui nous a d'ailleurs précisé que la mention des convictions religieuses lors de l'embauche d'un salarié reviendrait à « *s'immiscer dans la vie intime des individus ; on n'en finirait alors plus de toucher à la vie privée des gens* »[1].

Les choix religieux, comme d'autres choix, évoluent dans la vie d'une personne, et de ce fait, la question essentielle est bien celle de la prise en compte par le milieu professionnel des spécificités des salariés. Que ces spécificités apparaissent à l'embauche ou par la suite.

---

1. Fouad Alaoui est secrétaire général de l'Union des Organisations Islamiques de France.

Aujourd'hui, beaucoup de particularités peuvent être prises en compte, telle l'angine d'un enfant, ses horaires scolaires, les activités syndicales ou encore les temps de formation, mais surtout pas celles qui sont d'ordre religieux. Cette différenciation entre droits profanes et droits de conscience pourrait être gommée afin d'éviter des crispations identitaires et permettre à chacun de trouver son équilibre dans une société d'ouverture.

Un contrat de travail incluant le fait religieux, à la demande même du salarié, apparaît contradictoire avec la nouvelle tendance anti-discrimination des CV aveugles, c'est-à-dire ne divulguant ni le nom, ni le prénom, ni le sexe, ni la nationalité ou le lieu de naissance d'un postulant. Jean-François Amadieu, directeur de l'Observatoire des discriminations[1], précise que l'enquête « *testing sur CV* », réalisée en mai 2004 par Adia/Paris I-Observatoire des discriminations, confirmait bien « *l'ampleur des discriminations (notamment pour les emplois de commerciaux concernés par le testing). Ainsi, un candidat handicapé (bien que la nature de son handicap soit ignorée de l'employeur) obtient quinze fois moins de réponses positives qu'un candidat de référence. Un candidat maghrébin reçoit cinq fois moins de réponses positives. Un candidat de 50 ans est nettement écarté de l'embauche* ».

Constat peu encourageant au regard de la divulgation des convictions religieuses d'un chercheur d'emploi. Car, confrontés à des salariés qui désirent respecter les fêtes de leur religion, à ceux qui estiment essentiel de porter signe ou symbole religieux, à d'autres qui ne veulent pas reconnaître l'autorité d'un supérieur féminin – considérant par exemple qu'« *un témoignage d'homme vaut deux témoignages de*

---

1. Créé en décembre 2003, à l'université de Paris I, Panthéon-Sorbonne, l'Observatoire des discriminations, la vocation à étudier et mesurer les phénomènes d'inégalité des chances dans l'emploi. L'observatoire a pour objectif de mener des études concernant toutes les formes de discriminations : homme/femme, ethnique, religieuse, géographique, mais aussi relevant de l'âge, de l'apparence, des orientations sexuelles, de l'état de santé et du handicap...

femmes[1] » ou à celles qui refusent de serrer la main à des collègues masculins – les responsables d'entreprises n'ont pas, pour régler ces situations, l'autorité du garde des Sceaux, qui s'était opposé en son temps à ce qu'une avocate prête serment revêtue d'un voile islamique.

Tiraillé entre deux options, le salarié se retrouve tenu soit de divulguer ses convictions philosophiques ou religieuses (prenant ainsi le risque de ne pas être embauché), soit de les garder secrètes (et perdre ainsi tout droit de faire valoir sa clause de conscience). L'entreprise n'est pas plus à l'aise, condamnée à devoir transférer à la Justice la gestion de ses ressources humaines, puisque aucun cadre précis ne vient structurer ses relations avec les différentes cultures religieuses de ses salariés.

---

1. « *Faites-en témoigner par deux témoins d'entre vos hommes ; et à défaut de deux hommes, un homme et deux femmes d'entre ceux que vous agréez comme témoins, en sorte que si l'une d'elles s'égare, l'autre puisse lui rappeler.* » (sourate 2, intitulée La Vache, *Al-Baqarah*, verset 282). Il reste néanmoins discutable qu'il y aurait dans le Coran une règle générale montrant que le témoignage de la femme vaut la moitié de celui de l'homme.

Chapitre 12

Qui sont les nouveaux *dhimmis ?*

Le statut des minorités juives et chrétiennes dans le monde musulman répond à la notion de *dhimmis*[1]. Ce nom qui signifie *« protégé »* était jadis réservé aux *Gens du Livre* vivant en terre d'islam. Des sujets de seconde zone, soumis aux lois publiques, autorisés à exercer leur culte tant que celui-ci n'entrait pas en conflit ou même en rivalité avec l'islam. Les *dhimmis,* qui avaient l'obligation d'être reconnaissables, notamment à travers leurs tenues vestimentaires, n'avaient pas les mêmes droits que les musulmans, ne pouvaient exercer tous les métiers, ni épouser les personnes de leur choix, porter l'épée ou encore monter à cheval.

Les principes de la laïcité et ceux du droit du travail ont redéfini une société où une telle discrimination n'est plus acceptable. Mais alors, qui sont aujourd'hui les *dhimmis* de la démocratie ? À l'heure où l'Union européenne non seulement s'étend mais se structure, à l'heure où chaque État se trouve confronté à ses vieux démons discriminateurs, à l'heure aussi où les sensibilités religieuses se sont réveillées, comme une vieille blessure pour certains, comme une nouvelle naissance pour

---

1. Un *dhimmi* est un chrétien ou un juif sous le régime de la *dhimma,* qui définit un statut inférieur, mais assorti de garanties.

d'autres, le monde du travail se trouve le théâtre de jeux d'influences avec pour seule règle, semble-t-il : chacun pour (ou contre) Dieu et tous pour soi.

L'espace public remis en question

Aussi important soit-il, le respect des majorités et des minorités religieuses dans le monde du travail ne constitue pas, en fait, un droit autonome, automatique et absolu d'une démocratie laïque et multiculturelle. La liberté de religion se trouvant en permanence à la frontière d'autres droits individuels et collectifs fondamentaux, le respect des majorités et des minorités religieuses se trouve dans l'obligation de coexister avec les valeurs sociales indispensables au fonctionnement d'une société libre et démocratique, ainsi qu'avec des obligations économiques et sociales d'une entreprise.

Pour ceux qui choisissent une démarche totalitaire, le militantisme religieux, catholique, musulman, juif, protestant ou encore bouddhiste devient en fait un marqueur de différence identitaire et de remise en question de la neutralité de l'espace public et *a fortiori* de l'entreprise. La laïcité devenant simplement un terrain neutralisé, sujet au prosélytisme de tous bords. Saül de Tarse, mieux connu sous le nom de saint Paul, qui avait déjà bien compris la logique d'affrontement entre les lois de l'empire et les lois de Dieu, avait précisé dans son Epître aux Romains : « *Il n'y a pas d'autorité qui ne vienne de Dieu ou qui ne soit librement consentie par lui.* » Dès lors, se révolter contre l'organisation sociale reviendrait à désobéir à la volonté divine. Stratégie qui porta ses fruits, puisqu'un siècle à peine après la destruction du temple de Jérusalem, la pensée biblique avait déjà renvoyé aux oubliettes Hadès, un des dieux de l'Olympe, et remis en cause l'ensemble de la société romaine.

Inquiet de la présence grandissante des spiritualités dans les sphères publiques, Christian Eyschen, Secrétaire général de la Libre pensée française, rappelait à l'occasion d'une émission radiophonique sur France Culture autour du thème de la laïcité en Europe, qu'*« en juin 1997, alors que la Conférence intergouvernementale d'Amsterdam devait réviser le traité de Maastricht, l'État du Vatican avait proposé d'inclure cette phrase dans le chapitre F du traité qui aborde la question des libertés fondamentales : "Le christianisme est l'héritage culturel des peuples en Europe" »*.

Or, bien que le Vatican ne soit pas membre de l'Union européenne et ne le sera sans doute jamais, quelques semaines avant l'ouverture de la Conférence d'Amsterdam, l'Italie, l'Allemagne, l'Autriche et le Portugal déposaient la même demande que le Vatican. L'Union européenne avait alors adopté la déclaration 11 stipulant que *« l'Union respectera et ne préjuge pas du statut dont bénéficient, en vertu du droit national, les Églises et les associations ou communautés religieuses dans les États membres »*.

Une dizaine d'États européens[1] tenaient d'ailleurs à ce que le préambule de la future Constitution européenne contienne une référence aux *« racines chrétiennes de l'Europe »*, alors que le projet ne mentionne que ses *« héritages culturels, religieux et humanistes »* (la France et la Belgique étaient les plus opposées à la référence aux racines chrétiennes de l'Europe). L'Église polonaise souhaitait, pour sa part, qu'une référence à Dieu figure dans la Constitution européenne, comme il en existe une dans la Constitution polonaise. *« On n'a pas le droit d'utiliser les pierres du mur de Berlin pour construire une nouvelle tour de Babel sans fondements chrétiens »*, a affirmé en 2002, Monseigneur Josef Zycinski, l'un des responsables de l'épiscopat polonais[2].

Il semblerait donc qu'en fait, contrairement aux apparences et aux grands serments de neutralité de l'espace public, la législation

---

1. L'Italie, l'Autriche, l'Allemagne, la Pologne, le Portugal, la Slovaquie, la Grèce, l'Irlande, la République Tchèque, la Lituanie, Malte.
2. *Le Monde*, 9 mars 2002. Voir aussi : *www.aidh.org*

européenne s'émancipe lentement mais sûrement de la laïcité, préférant de façon étonnante le terme de *valeurs* à celui de *principes* et s'inspirant toujours du credo d'*héritages religieux*[1].

Un environnement contradictoire

Voici donc résumé en quelques lignes l'environnement contradictoire dans lequel doit dorénavant évoluer le monde de l'entreprise. Avec l'épée de Damoclès suspendue au-dessus des cours prud'homales que l'obsession du droit à la différence finisse par déboucher sur la différence des droits. Les entreprises sont donc devenues ces nouveaux *dhimmis,* qui ne peuvent bénéficier pleinement des droits nécessaires à une gestion sereine et se trouvent prises en otages entre les lois religieuses, les lois de la laïcité, les lois du droit et les lois de l'économie.

Au sixième millénaire juif, au troisième millénaire chrétien, au second millénaire musulman, vingt cinq siècles après le début de l'ère bouddhiste, trois siècles après la naissance du sikhisme, un siècle après le vote de la loi sur la séparation des Églises et de l'État, le culte de la laïcité et ceux des dieux et des prophètes ont réouvert les autels sacrificiels. Reste à savoir qui va être sacrifié, et pour le deviner, ce ne sont pas les Cassandre qui manquent. Le seul moyen de conjurer le sort, serait de renouer avec un laïciste humaniste que pourrait s'approprier l'ensemble des cultures religieuses. C'est-à-dire une laïcité respectueuse des valeurs d'autrui autant que des siennes. En fin de compte, nous reviendrions aux premiers rêves des hommes, ceux où à travers incantations, signes et rituels, ils ne cherchaient en fait qu'à s'émanciper de leurs propres divinités.

Dans ce combat perpétuel de l'homme pour s'affranchir des forces qui le dépassent, l'entreprise a un rôle essentiel à jouer. C'est à elle de

---

1. Voir en annexes les extraits de la proposition de Constitution européenne relatifs aux cultures religieuses.

montrer que le *vivre ensemble* n'est pas une utopie, et qu'il est possible d'être à la fois différent et semblable. C'est à l'entreprise d'offrir un espace neutre où toutes les consciences spirituelles pourront s'exprimer en toute égalité. C'est encore à l'entreprise de montrer l'exemple de la fraternité à la nation tout entière, et au-delà, à l'Union européenne que la laïcité, libérée de toute pression religieuse majoritaire ou minoritaire, reste la clé de la coexistence pacifique des hommes et des peuples. Encore faudrait-il que, conscients du rôle historique de l'entreprise dans ces temps d'émancipation spirituelle des femmes et des hommes, les instances européennes et les responsables politiques nationaux lui donnent enfin le cadre indispensable à l'accomplissement dans la sérénité de sa nouvelle mission.

L'entreprise est-elle la solution à l'intolérance ?

L'internationalisation du travail et l'abolition des frontières au sein de la Communauté européenne sont indissociables de la mondialisation des cultures religieuses et du métissage culturel et spirituel des ressources humaines de nos entreprises.

Les questions posées aux entreprises dans le chapitre *Les cultures religieuses n'ont plus de frontières,* et celles soulevées tout au long de cet ouvrage ne se résument-elles pas en fait à une seule question, celle, primordiale, de la territorialité des religions ?

Les cultures religieuses obéissent-elles à une géographie ? Appartiennent-elles à une terre ? Et, une terre appartient-elle à une religion ? L'Europe est-elle exclusivement chrétienne par l'histoire de sa culture ou par les tracés de ses frontières ? La Grèce est-elle orthodoxe et la Turquie musulmane ? Les religions se définissent-elles par le nombre de leurs fidèles, ou par le respect des droits individuels ? Les salariés d'une entreprise doivent-ils d'abord respecter les lois de la terre au détriment de leur propre conscience ?

Un début de réponse fut jadis apporté par le système de pensée monothéiste, l'idée de l'existence d'une divinité unique et commune à tous les hommes.

Les cultes polythéistes, au contraire, étaient par essence issus d'une déesse Terre, et lui vouaient une reconnaissance éternelle. Sans elle, ils ne pouvaient continuer d'exister. Les divinités étaient alors locales, attachées à leurs terres, sacrées pour les uns, fatales pour les autres.

La pensée monothéisme va alors révolutionner l'ordre social. Les hommes sont désormais tous créés par un dieu universel qui ne se limite pas à leur voisinage ou à leur sol d'origine, tous soumis à une destinée commune et à une égale nécessité de pureté.

Cette révolution sociale autant que spirituelle va démystifier les rapports du culte et de la terre. Les nomades qui développèrent la logique monothéiste ne se considéraient pas issus du sol mais créés par un dieu céleste, une divinité de la montagne et de l'orage. Les Dix commandements ont d'ailleurs été remis dans le désert, un lieu de passage. Il fallait que la loi divine soit en perpétuel mouvement.

Toute la symbolique de l'universalité d'une religion ne pourrait donc pas dépendre de son lieu de naissance mais de son lieu de culte.

Alors donc que nos entreprises tentent de faire respecter la neutralité du travail et la liberté de conscience, il semble pourtant que, pour certains, la sacralité de la terre continue de remettre en cause la sacralité de l'être humain.

Aujourd'hui ces questions continuent d'être posées notamment par l'intolérance religieuse de pays qui exigent des autres la tolérance qu'eux-mêmes refusent.

Le rôle de l'entreprise est donc extraordinairement important pour une meilleure intégration des cultures religieuses dans notre société tout entière. Une gestion apaisée et équitable des cultures religieuses et philosophiques aura, souhaitons-le, pour conséquence l'avènement d'une seconde révolution spirituelle : celle qui verra la libération des croyances en même temps que la libération des croyants, à travers le travail… comme cela a été écrit dès la Genèse.

Annexes

Convention européenne des Droits de l'homme

Article 8 : Droit au respect de la vie privée et familiale

1. Toute personne a droit au respect de sa vie privée et familiale, de son domicile et de sa correspondance.

2. Il ne peut y avoir ingérence d'une autorité publique dans l'exercice de ce droit que pour autant que cette ingérence est prévue par la loi et qu'elle constitue une mesure qui, dans une société démocratique, est nécessaire à la sécurité nationale, à la sûreté publique, au bien-être économique du pays, à la défense de l'ordre et à la prévention des infractions pénales, à la protection de la santé ou de la morale, ou à la protection des droits et libertés d'autrui.

Article 9 : Liberté de pensée, de conscience et de religion

1. Toute personne a droit à la liberté de pensée, de conscience et de religion ; ce droit implique la liberté de changer de religion ou de conviction, ainsi que la liberté de manifester sa religion ou sa conviction individuellement ou collectivement, en public ou en privé, par le culte, l'enseignement, les pratiques et l'accomplissement des rites.

2. La liberté de manifester sa religion ou ses convictions ne peut faire l'objet d'autres restrictions que celles qui, prévues par la loi, constituent des mesures nécessaires, dans une société démocratique, à la sécurité publique, à la protection de l'ordre, de la santé ou de la morale publique, ou à la protection des droits et libertés d'autrui.

Article 10 : Liberté d'expression

1. Toute personne a droit à la liberté d'expression. Ce droit comprend la liberté d'opinion et la liberté de recevoir ou de communiquer des informations ou des idées sans qu'il puisse y avoir ingérence d'autorités publiques et sans considération de frontière. Le présent article n'empêche pas les États de soumettre les entreprises de radiodiffusion, de cinéma ou de télévision à un régime d'autorisations.

2. L'exercice de ces libertés comportant des devoirs et des responsabilités peut être soumis à certaines formalités, conditions, restrictions ou sanctions prévues par la loi, qui constituent des mesures nécessaires, dans une société démocratique, à la sécurité nationale, à l'intégrité territoriale ou à la sûreté publique, à la défense de l'ordre et à la prévention du crime, à la protection de la santé ou de la morale, à la protection de la réputation ou des droits d'autrui, pour empêcher la divulgation d'informations confidentielles ou pour garantir l'autorité et l'impartialité du pouvoir judiciaire.

Article 14 : Interdiction de discrimination

La jouissance des droits et libertés reconnus dans la présente Convention doit être assurée, sans distinction aucune, fondée notamment sur le sexe, la race, la couleur, la langue, la religion, les opinions politiques ou toutes autres opinions, l'origine nationale ou sociale, l'appartenance à une minorité nationale, la fortune, la naissance ou toute autre situation.

Déclaration universelle des Droits de l'homme

Article 2

1. Chacun peut se prévaloir de tous les droits et de toutes les libertés proclamés dans la présente Déclaration, sans distinction aucune, notamment de race, de couleur, de sexe, de langue, de religion, d'opinion politique ou de toute autre opinion, d'origine nationale ou sociale, de fortune, de naissance ou de toute autre situation.

2. De plus, il ne sera fait aucune distinction fondée sur le statut politique, juridique ou international du pays ou du territoire dont une personne est ressortissante, que ce pays ou territoire soit indépendant, sous tutelle, non autonome ou soumis à une limitation quelconque de souveraineté.

Article 7

Tous sont égaux devant la loi et ont droit sans distinction à une égale protection de la loi. Tous ont droit à une protection égale contre toute discrimination qui violerait la présente Déclaration et contre toute provocation à une telle discrimination.

Article 18

Toute personne a droit à la liberté de pensée, de conscience et de religion ; ce droit implique la liberté de changer de religion ou de conviction ainsi que la liberté de manifester sa religion ou sa conviction seule ou en commun, tant en public qu'en privé, par l'enseignement, les pratiques, le culte et l'accomplissement des rites.

Article 19

Tout individu a droit à la liberté d'opinion et d'expression, ce qui implique le droit de ne pas être inquiété pour ses opinions et celui de chercher, de recevoir et de répandre, sans considérations de frontières, les informations et les idées par quelque moyen d'expression que ce soit.

Article 23

1. **1.** Toute personne a droit au travail, au libre choix de son travail, à des conditions équitables et satisfaisantes de travail et à la protection contre le chômage.

2. **2.** Tous ont droit, sans aucune discrimination, à un salaire égal pour un travail égal.

3. **3.** Quiconque travaille, a droit à une rémunération équitable et satisfaisante lui assurant ainsi qu'à sa famille une existence conforme à la dignité humaine et complétée, s'il y a lieu, par tous autres moyens de protection sociale.

Préambule à la Constitution de 1946

1. Au lendemain de la victoire remportée par les peuples libres sur les régimes qui ont tenté d'asservir et de dégrader la personne humaine, le peuple français proclame à nouveau que tout être humain, sans distinction de race, de religion ni de croyance, possède des droits inaliénables et sacrés. Il réaffirme solennellement les droits et libertés de l'homme et du citoyen consacrés par la Déclaration des droits de 1789 et les principes fondamentaux reconnus par les lois de la République.

2. Il proclame, en outre, comme particulièrement nécessaires à notre temps, les principes politiques, économiques et sociaux ci-après :

3. La loi garantit à la femme, dans tous les domaines, des droits égaux à ceux de l'homme.

5. Chacun a le devoir de travailler et le droit d'obtenir un emploi. Nul ne peut être lésé, dans son travail ou son emploi, en raison de ses origines, de ses opinions ou de ses croyances.

10. La Nation assure à l'individu et à la famille les conditions nécessaires à leur développement.

13. La Nation garantit l'égal accès de l'enfant et de l'adulte à l'instruction, à la formation professionnelle et à la culture. L'organisation de l'enseignement public gratuit et laïque à tous les degrés est un devoir de l'État.

16. La France forme avec les peuples d'outre-mer une Union fondée sur l'égalité des droits et des devoirs, sans distinction de race ni de religion.

17. L'Union française est composée de nations et de peuples qui mettent en commun ou coordonnent leurs ressources et leurs efforts pour développer leurs civilisations respectives, accroître leur bien-être et assurer leur sécurité.

Organisation internationale du Travail

Convention 111

Article 1

1. Aux fins de la présente convention, le terme discrimination comprend :

a) toute distinction, exclusion ou préférence fondée sur la race, la couleur, le sexe, la religion, l'opinion politique, l'ascendance nationale ou l'origine sociale, qui a pour effet de détruire ou d'altérer l'égalité de chances ou de traitement en matière d'emploi ou de profession ;

b) toute autre distinction, exclusion ou préférence ayant pour effet de détruire ou d'altérer l'égalité de chances ou de traitement en matière d'emploi ou de profession, qui pourra être spécifiée par le Membre intéressé après consultation des organisations représentatives d'employeurs et de travailleurs, s'il en existe, et d'autres organismes appropriés.

2. Les distinctions, exclusions ou préférences fondées sur les qualifications exigées pour un emploi déterminé ne sont pas considérées comme des discriminations.

Projet établissant une Constitution pour l'Europe

Extraits concernant les cultures religieuses :

Préambule

S'inspirant des héritages culturels, religieux et humanistes de l'Europe, à partir desquels se sont développées les valeurs universelles que constituent les droits inviolables et inaliénables de la personne humaine, ainsi que la liberté, la démocratie, l'égalité de droit.

Partie I

Article I-2 : Les valeurs de l'Union

L'Union est fondée sur les valeurs de respect de la dignité humaine, de liberté, de démocratie, d'égalité, de l'État de droit, ainsi que de respect des Droits de l'homme, y compris des personnes appartenant à des minorités. Ces valeurs sont communes aux États membres dans une société caractérisée par le pluralisme, la non-discrimination, la tolérance, la justice, la solidarité et l'égalité entre les hommes et les femmes.

Article I-3 : Les objectifs de l'Union

(…)

Elle [l'Union] combat l'exclusion sociale et les discriminations, et promeut la justice et la protection sociale, l'égalité entre femmes et les hommes, la solidarité entre les générations et la protection des droits de l'enfant.

Article I-52 : Statut des églises et des organisations non confessionnelles

1. L'Union respecte et ne préjuge pas du statut dont bénéficient, en vertu du droit national, les églises et les associations ou communautés religieuses dans les États membres.

2. L'Union respecte également le statut dont bénéficient les organisations philosophiques et non confessionnelles.

3. Reconnaissant leur identité et leur contribution spécifique, l'Union maintient un dialogue ouvert, transparent et régulier, avec ces églises et organisations.

Partie II

La charte des droits fondamentaux de l'Union

Préambule

Les peuples de l'Europe, en établissant entre eux une union sans cesse plus étroite, ont décidé de partager un avenir pacifique fondé sur des valeurs communes.

Consciente de son patrimoine spirituel et moral, l'Union se fonde sur les valeurs indivisibles et universelles de dignité humaine, de liberté, d'égalité et de solidarité ; elle repose sur le principe de la démocratie et le principe de l'État de droit. Elle place la personne au cœur de son action en instituant la citoyenneté de l'Union et en créant un espace de liberté, de sécurité et de justice.

L'Union contribue à la préservation et au développement de ces valeurs communes dans le respect de la diversité des cultures et des traditions des peuples de l'Europe, ainsi que de l'identité nationale des États membres et de l'organisation de leurs pouvoirs publics aux niveaux national, régional et local ; elle cherche à promouvoir un développement équilibré et durable et assure la libre circulation des personnes, des services, des marchandises et des capitaux, ainsi que la liberté d'établissement.

(…) La jouissance de ces droits entraîne des responsabilités et des devoirs tant à l'égard d'autrui qu'à l'égard de la communauté humaine et des générations futures.

En conséquence, l'Union reconnaît les droits, les libertés et les principes énoncés ci-après.

Article II-70 : Liberté de pensée, de conscience et de religion

1. Toute personne a droit à la liberté de pensée, de conscience et de religion. Ce droit implique la liberté de changer de religion ou de conviction, ainsi que la liberté de manifester sa religion ou sa conviction individuellement ou collectivement, en public ou en privé, par le culte, l'enseignement, les pratiques et l'accomplissement des rites.

Article II-82 : Diversité culturelle, religieuse et linguistique

L'Union respecte la diversité culturelle, religieuse et linguistique.

Article II-114 : Interdiction de l'abus de droit

Aucune des dispositions de la présente Charte ne doit être interprétée comme impliquant un droit quelconque de se livrer à une activité ou d'accomplir un acte visant à la destruction des droits ou libertés reconnus dans la présente Charte ou à des limitations plus amples des droits et libertés que celles qui sont prévues par la présente Charte.

Circulaire FP n° 901 - du 23 septembre 1967

Direction générale de l'administration et de la fonction publique FP/N° 901

La présente circulaire se substitue à la circulaire n° 649/FP du 4 septembre 1963 concernant les fonctionnaires désireux de participer à des fêtes ou à des cérémonies religieuses qui ne sont pas inscrites au calendrier des fêtes chômées tel que celui-ci est fixé par la législation et par l'usage et qui ont fait l'objet de la circulaire n° 696/FP du 7 avril 1964, complétée par une circulaire annuelle.

Sans qu'il soit question de modifier le régime général des congés, je vous serais obligé de bien vouloir rappeler aux chefs de service placés sous votre haute autorité qu'il leur appartient, dans le cadre de mon instruction n° 7 du 23 mars 1950, d'accorder aux agents qui désirent participer aux cérémonies célébrées à l'occasion des principales fêtes propres à leur confession les autorisations d'absence nécessaires dans la mesure, toutefois, où leur absence demeure compatible avec le fonctionnement normal du service.

Proposition de loi visant à assouplir la règle du repos dominical par la voie conventionnelle

N° 1604 Enregistré à la Présidence de l'Assemblée nationale le 13 mai 2004.

Présentée par : Richard MALLIÉ, Manuel AESCHLIMANN, Martine AURILLAC, Patrick BEAUDOUIN, Marc BERNIER, Jean-Claude BEAULIEU, Jérôme BIGNON, Étienne BLANC, Roland BLUM, Loïc BOUVARD, Bernard BROCHAND, Pierre CARDO, Roland CHAS-SAIN, Jean-Louis CHRIST, Philippe COCHET, Alain CORTADE, Édouard COURTIAL, Jean-Pierre DECOOL, Jean-Jacques DESCAMPS, Éric DIARD, Marie-Hélène DES ESGAULX, Daniel FIDELIN, Jean-Claude FLORY, Jean-Michel FOURGOUS, Mme Arlette FRANCO, François-Michel GONNOT, Gérard HAMEL, Joël HART, Pierre HÉRIAUD, Maryse JOISSAINS-MASINI, Patrick LABAUNE, Robert LAMY, Jean-Marc LEFRANC, Jean-Louis LÉONARD, Daniel MACH, Alain MADELIN, Thierry MARIANI, Jean MARSAUDON, Philippe-Armand MARTIN, Jean-Claude MATHIS, Jean-Pierre NICOLAS, Christophe PRIOU, Didier QUENTIN, Michel RAISON, Jérôme RIVIÈRE, Jean ROATTA, Léon VACHET, Jean-Sébastien VIALATTE, Philippe VITEL et Michel VOISIN.

Députés

Exposé des motifs :

D'origine religieuse, le repos hebdomadaire le dimanche a été géné-ralisé à l'ensemble des salariés pour des raisons de santé et sécurité, afin de garantir aux salariés un repos hebdomadaire d'au minimum 24 heures consécutives. Ainsi, les établissements commerciaux occu-pant du personnel sont soumis à la réglementation du droit du travail qui a pour principe (art. L. 221-5 du Code du travail) de donner aux salariés le repos hebdomadaire le dimanche.

Bien entendu, ce principe connaît un certain nombre de dérogations. Il existe, d'abord, des dérogations de droit. Ces dérogations concer-nent, d'une part, les établissements de vente de denrées alimentaires au détail qui sont autorisés, en application de l'article L. 221-16 du Code du travail, à donner le repos hebdomadaire le dimanche à partir de midi, avec octroi d'un repos compensateur ; d'autre part l'ensemble des établissements figurant sur les listes édictées par les articles L. 221-9, L. 221-10 et R. 221-4-1 du Code du travail, admis à donner le repos hebdomadaire par roulement (fabrication de produits alimentaires destinés à la consommation immédiate, hôtels, restaurants, débits de boissons, débits de tabac, hôpitaux) ; enfin, les établissements qui « *en cas de travaux urgents dont l'exécution immédiate est nécessaire pour organiser des mesures de sauvetage, pour prévenir des accidents imminents ou réparer des accidents survenus au matériel… »* sont autorisés à suspendre le repos hebdomadaire pour le personnel nécessaire à l'exécution de ces travaux.

Il existe, ensuite, des dérogations collectives par secteurs d'activité. Aux termes de l'article L. 221-19 du Code du travail, le repos peut être supprimé le dimanche « *à la totalité des établissements commerciaux de vente au détail ressortissant de la même activité »*, par un arrêté du maire. Le nombre de ces dimanches ne peut excéder cinq par an. Il est à noter qu'aucun justificatif n'est nécessaire à l'appui de ces demandes, à la différence de celles présentées au titre de l'article L. 221-6.

Il existe, enfin, des dérogations individuelles qui peuvent être octroyées par le Préfet en application des articles L. 221-6, L. 221-7 et L. 221-8-1 du Code du travail.

- Dans le cadre de l'article L. 221-6, la demande doit être justifiée *par l'atteinte au fonctionnement normal de l'établissement,* c'est-à-dire la nécessité économique (chiffre d'affaires) ou technique dans laquelle il se trouve de poursuivre son activité le dimanche, ou par le préjudice que subirait le public du fait de la fermeture dominicale de l'établissement considéré.

- Dans le cadre de l'article L. 221-7, une autorisation accordée en vertu de cet article peut être étendue aux établissements de la même localité faisant le même genre d'affaire.

- Dans le cadre de l'article L. 221-8-1, il est prévu la possibilité pour le Préfet d'accorder des dérogations au repos dominical des salariés des établissements ayant pour activité principale la vente au détail de biens ou de services destinés à faciliter l'accueil du public ou ses activités de détente ou de loisirs d'ordre sportif, récréatif ou culturel, *liés au caractère touristique de la commune.*

Dans la pratique la mise en œuvre des dérogations individuelles relève du pouvoir discrétionnaire du Préfet. Ces dérogations, octroyées ou refusées, donnent lieu à un contentieux très abondant.

En effet, la jurisprudence a toujours refusé d'assimiler comme préjudice au public l'interdiction faite au consommateur d'agir par référence ou facilité, donc de pouvoir faire ses achats le dimanche. La jurisprudence veille également à ce que les dérogations octroyées ne soient pas susceptibles de produire des distorsions de concurrence.

Le régime juridique des dérogations d'origine conventionnelle à la fermeture dominicale s'avère, aujourd'hui, de plus en plus inadapté et pénalisant.

Pénalisantes pour l'emploi : nous le savons, l'ouverture dominicale est fortement créatrice d'emploi. À titre d'exemple, nous pouvons nous référer à la zone commerciale de Plan de Campagne dans le département des Bouches-du-Rhône qui pratique l'ouverture dominicale depuis 35 ans sur la base d'un accord entre partenaires sociaux (on pourrait également évoquer la zone de Grand Plaisir dans les Yvelines). Cette zone commerciale de Plan de Campagne comporte 400 établissements, dont 67 % de moins de 10 salariés. Sur un total de 6 000 emplois, 1 000 sont directement liés à l'ouverture dominicale et 88 % d'entre eux sont en contrats à durée indéterminée. Si cette zone devait fermer le dimanche, cela entraînerait immédiatement 377 licenciements, dont 97 % de contrats à durée indéterminée ! On peut noter au passage que l'ouverture dominicale fabrique nettement plus d'emplois durables que précaires.

Pénalisantes pour l'économie : les établissements qui ouvrent – légalement ou non – le dimanche réalisent à cette occasion entre 25 et 33 % de leur chiffre d'affaire. Les études et enquêtes menées sur les zones pratiquant l'ouverture dominicale démontrent que plus de 70 % des clients du dimanche ne reporteraient pas leurs achats en semaine. De surcroît, plus de 60 % de la clientèle du dimanche fréquente les établissements ouverts ce jour plus d'une fois par mois. L'ouverture dominicale est donc bien créatrice de consommation, donc de richesse économique *supplémentaire.*

Pénalisantes sur le plan social : les contreparties au travail du dimanche sont souvent importantes pour les salariés. 74 % des établissements ouverts le dimanche accordent aux salariés des contreparties, soit sous forme de repos supplémentaires, soit sous forme de majorations salariales, ou bien les deux. En moyenne, les établissements qui pratiquent l'ouverture dominicale accordent un repos hebdomadaire de 2,15 jours. De plus, le travail du dimanche permet aussi à des étudiants de travailler pour financer leurs études, de manière compatible avec leurs cours.

Inadaptées à un véritable phénomène de société : la clientèle du dimanche est spécifique à ce jour, puisque 60 % des clients viennent exclusivement le dimanche. Ceci explique aisément que des magasins n'hésitent plus à ouvrir le dimanche en toute illégalité, préférant courir le risque de payer une amende pour s'adapter à cette évolution de la société. D'une manière générale, plus de 70 % des établissements ouverts le dimanche sont des commerces de détails, soit dans la branche de l'équipement de la maison, soit dans la branche culture-loisirs.

Nous pouvons donc légitimement nous demander si dans le contexte économique dans lequel se trouve notre pays, nous pouvons réellement faire l'économie de cet outil créateur de croissance que représenterait une ouverture dominicale adaptée, de manière équilibrée, sans remettre en cause le principe même du repos dominical ?

Tel est l'objet de la présente proposition de loi, articulée autour de 5 grands principes :

1. la modification proposée ne remettrait pas en cause l'ensemble des dispositions légales en vigueur puisqu'elle permet de maintenir le principe du repos dominical ;

2. les assouplissements de la législation en matière d'ouverture dominicale se conçoivent dans le cadre d'accords entre les partenaires sociaux, prévoyant des contreparties en terme de rémunération supplémentaire et de repos compensateur des salariés ;

3. les dérogations conservent un caractère individuel (par établissement) ;

4. les dérogations sont accordées quelle que soit l'activité exercée ;

5. les dérogations sont accordées en principe sur l'année.

PROPOSITION DE LOI

Article unique

Après le *d* de l'article L. 221-6 du Code du travail, il est inséré un alinéa ainsi rédigé :

« Le repos peut également être donné, par roulement pour tout ou partie du personnel, soit toute l'année, soit à certaines époques de l'année, lorsqu'un accord entre partenaires sociaux est intervenu sur un site déterminé entre organisations représentatives des employeurs et les organisations représentatives des salariés. Cet accord doit prévoir des contreparties en termes de rémunérations et de repos compensateur. »

Bibliographie

Abécassis Armand, *Les temps du partage*, Albin Michel, 1993.

Banon Patrick, *Signes et symboles religieux,* Flammarion, 2005.

Benoît XVI, Cardinal Joseph Ratzinger, *Valeurs pour un temps de crise, relever les défis de l'avenir,* Éditions Parole et Silence, 2005.

Bernheim Gilles, *Le souci des autres*, Calmann-Lévy, 2002.

Boubakeur Dalil, Delaporte Jacques, Le Neouannic Guy, Sitruk Joseph, Stewart Jacques, *Foi et République*, propos recueillis par Yves Azéroual, Éditions Patrick Banon, 1995.

Bouderlique Max, *Les sectes mangeuses d'hommes*, Atelier de l'Archer, 1999.

Brun-Cottan Marguerite-France, *La grève de Deir el-Medine : mouvement social il y a 3 200 ans,* L'archéologue, Archéologie nouvelle, 1995, 13, p. 31-34.

Le Coran : Traductions et notes D. Masson, Gallimard, 1967.

Daniélou Jean, *Les symboles chrétiens primitifs,* Éditions du Seuil, 1961.

Daloz Lucien, *Le Travail selon saint Jean Chrysostome*, P. Lethielleux, 1959.

De Vaux Roland, *Les institutions de l'Ancien testament*, Les Éditions du CERF, 1997.

Dulaey Martine *Des forêts de symboles, l'initiation chrétienne et la Bible*, Le livre de poche, 2001.

Eliade Mircea, *Le sacré et le profane*, Gallimard, 1965.

Eliade Mircea, *Images et symboles*, Gallimard, 1980.

Israël Gérard, *Dieu est-il laïque ?*, Calmann-Lévy, 2005.

Les sectes en France, rapport parlementaire, Éd. Patrick Banon, 1996.

de Coninck Frédéric, *Jalons bibliques pour une éthique du travail*, Hokhma, 1995, 58, pp. 1-99.

Gest Alain, Sectes, *une affaire d'État*, L'Archer, 1999.

Les jeunes européens et leurs valeurs, ouvrage collectif, Éditions de La Découverte, 2005.

Leenhardt Franz-J., Pittet Alfred, *Le Chrétien devant le travail* : *Travail et vocation de l'homme, la doctrine biblique du travail, la sanctification du travail*, Groupe protestant d'études sociales, 1941.

Zouari Fawzia, *Le voile islamique*, Favre, 2002.

Sources

Amor Abdelfattah (rapport présenté par), *Droits civils et politiques, et notamment intolérance religieuse*, Commission des Droits de l'homme, Conseil économique et social de l'ONU, 1999.

Enseigner l'histoire des religions dans une démarche laïque, Actes du colloque, Besançon, CRDP, 1992.

Laurent Philippe, Jahan Emmanuel, *Les Églises face à l'entreprise* : *Cent ans de pensée sociale des Églises sur l'entreprise,* Réflexions et documents réunis pour l'UNIAPAC, Union internationale chrétienne des dirigeants d'entreprise, Paris, Centurion, 1991.

Travail, cultures, religions : Actes du deuxième colloque organisé par l'Institut international d'études sociales, BIT, le département de sociologie, de l'université de Genève, le Centre catholique d'études de Genève, édité par John Lucal et Patrick de Laubier, Fribourg, Éd. universitaires, 1988.

Laïcité : Le débat à l'Assemblée nationale, séances publiques du 3 au 10 février 2004.

La laïcité à l'école, Mission d'information parlementaire, rapport 1275, Assemblée nationale.